Qingdaoshi Tushuguancang Minguo Difang Qikan Tiyao

青岛市图书馆藏民国地方期刊提要

徐月霞　陈东庆　曹艳芳
朱妍蕾　黄丽群　编著

中国海洋大学出版社

·青岛·

图书在版编目(CIP)数据

青岛市图书馆藏民国地方期刊提要 / 徐月霞等编著
. —青岛：中国海洋大学出版社，2021.2
ISBN 978-7-5670-2709-1

Ⅰ.①青…　Ⅱ.①徐…　Ⅲ.①期刊—提要—中国—民
国　Ⅳ.①Z62

中国版本图书馆 CIP 数据核字(2021)第 000978 号

出版发行	中国海洋大学出版社		
社　　址	青岛市香港东路 23 号	**邮政编码**	266071
出 版 人	杨立敏		
网　　址	http://pub.ouc.edu.cn		
电子信箱	cbsebs@ouc.edu.cn		
订购电话	0532—82032573(传真)		
责任编辑	邹伟真	**电　　话**	0532—85902533
印　　制	青岛中苑金融安全印刷有限公司		
版　　次	2021 年 2 月第 1 版		
印　　次	2021 年 2 月第 1 次印刷		
成品尺寸	170 mm×230 mm		
印　　张	11		
字　　数	201 千		
印　　数	1～1000		
定　　价	78.00 元		

前　言

　　青岛于 1891 年建置,在城市文化发展进程中,有一个难得的历史机遇,即近现代大批文化名人旅寓青岛,形成了一个鲜明的旅寓文化现象,极大地促进了青岛城市文化的发展。尤其是大批新文化作家和现代研究学人,如闻一多、沈从文、洪深、老舍、吴伯箫、王统照、王亚平等先后汇聚青岛,为青岛留下了宝贵的文化记忆,更培育了青岛的传媒力量和文化氛围。1929 年,由王统照、杜宇等主编的青岛第一个新文化文学期刊《青潮》月刊问世,1933 年至 1937 年,青岛有 9 种文学期刊问世。20 世纪 30 年代,青岛的中文报纸有近 20 家,外文报纸有近 10 家,客观上形成了近代青岛地方文化、传统文化、西方文化交流并存的开放格局,也因此留下了这一时期宝贵的地方文献资料。

　　青岛市图书馆一直重视地方文献的收藏,而馆藏这批民国时期地方期刊,是当时青岛文化交流与知识传播的重要载体,也是我馆的重点特色馆藏之一,对其进行系统整理和内容揭示,使读者得以深入了解民国时期青岛地方期刊发行状况,既可以在一定程度上满足读者的需求,同时也是对这批文献的再生性保护。2019 年,在对这批民国文献进行梳理之后,确立了本书内容。

　　青岛市馆藏民国时期青岛地方期刊一个鲜明的特点是创刊号占有一定比例,据统计,收录的这批馆藏地方文献共 172 种,其中创刊号 27 种,占比为 15.7％。创刊号发刊词中一般会涉及创刊宗旨及要义,以及该刊文章登载偏好、文章体裁体例等,收藏价值比普通期刊又高了很多。还有一个重要信息提取点是期刊的目录,可以清晰地反映刊物版面排布的特点。

　　《青岛市图书馆藏民国地方期刊提要》的编纂,严格遵循了《中国文献编目规则》的要求,依照《中国图书分类法》进行分类排序,类目下再按照首字字母依次排列。在著录内容上,分为版本形态描述和内容提要两部分,包括题名、责任者、出版发行、文献特殊细节、载体形态、附注提要等内容，提要部分又包括报刊概况、版本特点、内容简介以及必要说明等，客观记录了在民国这个特定的历史时期，青岛乃至山东政治、经济、文化等方面的发展变化。本提要共辑录民国时期青岛市图书馆藏地方期刊 160 余种，为读者了解这一时期青岛的政治、经济、文化教育、社会历史等概况提供了重要的参考资料。

　　需要指出的是，部分期刊由于当时印刷水平有限和自然酸化与老化而产生发黄发黑的现象，造成图片不够清晰，加之历史保存、修复水平之局限，有些图片尤其是封面图片被部分遮挡和损毁，不够完整，皆非人力所能为也。囿于编者水平有限，疏误之处在所难免，敬请广大读者不吝指正。

编　者

2020 年 9 月

目 录

B

001. B97/1 青岛青年（青岛青年会第十届征友大会特刊）

青岛中华基督教青年会编·编者刊. 青岛 1935 年 5 月（创刊）特刊. 22 cm×15 cm

该刊登载了青岛中华基督教青年会第十届征友组织大纲、职员名录以及第九届征友会员录和宗教生活运动讲演会成绩一览表。

1908 年，在青岛的英国人和中国人创办了青岛基督教青年会，地址在北平街（今北京路）的耶稣教堂。1916 年，迁至冠县路；1932 年，又迁到了浙江路 9 号和浙江路 5 号。青岛基督教青年会是青岛青年的一个文化活动场所，实行"会员制"，举办讲演会、同餐会、电影、雅乐欣赏、球类运动等活动并设有业余学校，开设数学、英文等课程。青岛解放后，该青年会停办。

C

002. C2/2 胶县旅青学界同乡会会刊

胶县旅青学界同乡会会刊编·编者刊. 1934 年(创刊). 26 cm×19 cm

　　胶县旅青学界同乡会联合会成立于 1933 年 10 月,后改名为山东胶县旅外学会青岛分会,创立的宗旨为"服务社会、光大胶县教育",会员为本市中等以上学校胶县籍贯师生和经介绍许可的小学教员。该刊即为会刊,刊载内容涉及文学、杂论等。

003. C53/480 青北月刊

青岛市市立北平路小学校青北月刊编辑部编. 青北消费合作社发行. 青岛. 1936年5月. 不定期. 18.5 cm×13 cm

青岛市市立北平路小学校刊,原本为每半年四期,1936年5月改为每半年2期。开设栏目有"色彩画""编辑室谈话""旅行照片""世界名人介绍""青岛风光""长篇童话""问题解答""杂俎""时事辞解""诗歌""儿童的园地""通讯""儿童生活指导""科学新闻""校闻"等。

004. C83/1 青岛统计

青岛市政府统计室编・编者刊. 青岛. 1946 年 8 月～1947 年 3 月. 1～3 期. 油印本. 不定期. 26.5 cm×19 cm

  该刊是为配合市政府推进审计考核工作实施的市政刊物,按主管局、处及工作性质,分人事、人口、教育、社会、财政、港务、卫生、农林等机构单位分别编列统计资料,刊登各行业统计情况,内容涉及青岛地区历史变迁、地理环境、行政组织、户口与保甲、社会、警卫、财政、工务、公用与邮政、教育与文化、港务与运输、卫生、农林、救济等 14 大类机关资料。

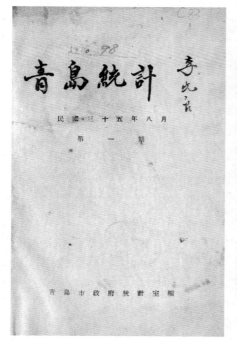

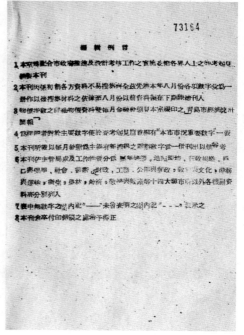

005. C55/167 时代生活

时代生活编辑部编. 发行人罗正. 北京. 复刊第 71 号. 1948 年 6 月. 25.5 cm×18.5 cm

　　该刊社址在北平(今北京)官外永光寺中街 4 号,社长冯秉中,发行人罗正,编辑孟陶。娱乐性杂志,内容主要包括军政内幕秘闻、影星访谈、家庭生活、养生要点、恋爱信箱、翻译小说等。其中《烽火中的青岛》一文涉及当时青岛"剩余物资迷住了眼睛,洋人金钱享受尽豪华""政府推诿责任,难民自行谋生"的城市现状。

006. C49/5 中兴周刊

中兴周刊社编·编者刊. 青岛. 1946 年 1 月. 总 2 期. 周刊:复刊 1946 年 11 月
～1948 年. 总 8 期. 不定期. 26 cm×19 cm

  该刊为综合性文艺刊物,社址在青岛市广西路 46 号,营业部在聊城路 69
号。编辑孙昌熙,发行人以普及教育、健全政治与安定社会为己任。该刊在发
刊词中指出:"要从胜利后的第一个新年开始,与同胞共勉,力谋国家久远,民族
复兴!"内容包括时论、专论、杂俎、文艺、论著、科学、国学研究等,载有闻一多、
李广田等人的作品。由于经费短绌,印刷困难,出至第 2 期后停刊。1946 年 11
月 23 日复刊,增加学术方面的内容,开辟"医药""法律"专栏,由周刊改为不定
期刊。1948 年初停刊,先后出版 8 期。

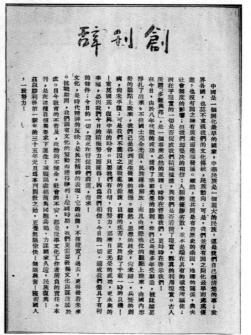

007. C2/1 友声

中国留日同学会青岛分会编·编者刊.青岛.
1942 年 4 月(创刊).月刊.26.5 cm×18.5 cm

　　中国留日同学会青岛分会成立于 1940 年 10 月 26 日,以"研究学术,发扬东方文化,联络感情,促进中日亲善及互相扶助"为宗旨,会址在莒县路 2 号。1942 年创该刊,定名《友声》,"以取诗美莺鸣之意,并副声应气求之旨"。封面王克敏题写刊名,主要刊载中国留日同学会青岛分会的活动著述记录,包括该会的组织简章及会员名录、第二届会员大会纪实、论著、科学常识与交通现状、文艺、杂俎和日本介绍,附插图。

008. C49/1 杂志联合刊

杂志联合刊出版委员会编·编者刊. 青岛. 1948 年 6 月（创刊）. 月刊. 26.5 cm ×19 cm

由《会计月刊》《警察月刊》《影剧周报》《青声月刊》《荒土半月刊》《海风周刊》《艺友半月刊》《小朋友十日刊》《兴工周报》《学生周报》《正视旬刊》《童子军月刊》《青岛半月刊》《岛声旬刊》《秋芙蓉月刊》《民众画报》《大青岛月刊》《青岛文艺》《大华半月刊》《星星半月刊》《中兴周刊》《青年月刊》《海声月刊》《东方渔业月刊》等 24 家青岛杂志联合编印的刊物，为"振奋精神，联合起力量，重整旗鼓，大张挞伐，为青岛市的文化事业争口气，为青岛市的文化工作者开一条坦途"。内容涉及专论、时评、经济、文化等。刊中有中国纺织建设公司青岛分公司各厂棉布商标。

009. C49/2 战斗与改造

战斗与改造半月刊社编·编者刊. 青岛. 1947年1月1日～1947年3月. 半月刊. 26 cm×19.5 cm

　　1947年1月1日创刊于青岛,社址在青岛中山路95号。该刊以"与现实战斗,为未来改造"为办刊宗旨。栏目有"社论""时评""论著""妇女专题""严肃与轻松话题""译文""特写""文学艺术""影剧音乐""漫画"等。内容包括市政评议、市地位与市长民选、日本战败的内幕及青岛社会黑幕的另一面等。刊有王云阶、王统照的作品。

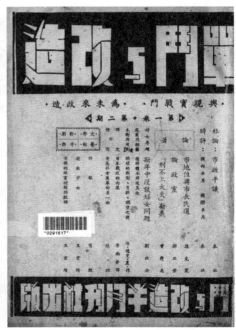

010. C49/3 正视

正视旬刊社编・编者刊. 青岛. 1947 年 9 月（创刊）. 旬刊. 26.5 cm×19.5 cm

　　正视旬刊社社址在鱼山路原山东大学，1947 年 9 月 11 日创刊。该刊为社会综合性刊物，有"时论""灯塔""转载""十日谈""一旬杂评"等栏目，内容有英美言论自由的比较、中秋节后话南京、写在大选前头、关于长春铁路、市立女中通讯及文艺作品等。

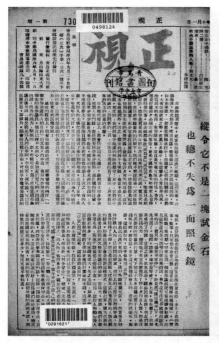

011. C49/4 治平

青岛治平月刊社编·编者刊. 青岛. 1944 年 8 月 1 日（创刊）. 月刊. 26 cm×19 cm

　　青岛治平月刊社社址在青岛市广州路 33 号。该刊创始之初只是一个不定期的刊物，后期固定为月刊，以"发扬东方文化，提倡阳明学说，辅导社会教育，研讨实际问题"为办刊宗旨，刊载"论著""文艺创作""小说""散文""诗歌""译著""生活记录及报道""各地通信"等。内容涉及社会科学各类，如青岛市两年来的施政述要、学生应自励发奋，为国家社会效劳等。

D

012. D69/8 大青岛月刊

战庆辉主编. 大青岛月刊社. 青岛. 1947年8月. 月刊. 26.5 cm×19 cm

    大青岛月刊社编,社址在青岛市龙口路33号。该刊对青岛市民宣传所谓的"地方自治"和"民主政治",对国民党的倒行逆施和共产党唤起民众求解放的斗争缺乏正确认识,故使该刊文章多有反动内容,但也有反映崂山抗战斗争和青岛历史的珍贵资料。

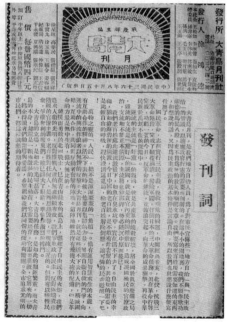

013. D5/674 东方杂志

钱智修主编. 商务印书馆发行. 上海. 1912 年（创刊）～1931 年 10 月. 半月刊. 26.5 cm×18.5 cm

　　该刊注重时事述评、大事记、人物志、经济和实业、哲学和宗教、科学、问题讨论、书评、评论之评论、文艺等十项内容。在"第二十年纪念刊"上其宗旨为："以有用的智识开拓读者之心胸，提供事实的真相，给读者做自下主张的底子。渴望成为舆论的顾问者，而不敢自居为舆论的指导者。"其中有《青岛接收及其交涉经过》《山东悬案细目协定》等文章涉及青岛。

014. D634/1 华侨特刊

青岛华侨协会编·编者刊. 青岛. 1930 年 12 月. 特刊. 19 cm×13 cm

　　青岛市华侨协会创办，社址为浙江路 7 号。该刊馆藏仅第 4 期，内容有政治、经济、实业、建设、专载和侨闻等，如中日条约的正式签订及认识评论。华北农村经济现状专论等侨闻主要反映了越南华侨经济情况、美洲华侨联袂归国和吕宋爪哇等侨民络绎归国的情况，呼吁华侨"华北地方治安日渐确立。侨胞发挥爱国精神，其经济力足可有裨于'中华民国'之心的建设"。附有交易所之建筑、接收青岛纪念塔、青岛市小港码头之鸟瞰等风光图片。

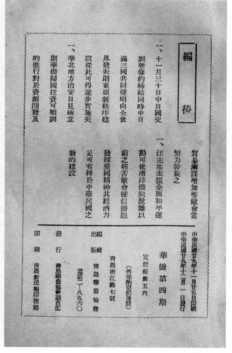

015. D693.64/1 胶澳商埠行政纪要

胶澳商埠总局编·编者刊. 青岛. 1927 年 6 月. 24.5 cm×15.5 cm

　　胶澳商埠总办赵琪题写刊名并作序,借观政事之进退所以纪实而辑。"胶澳一区自版图已六六寒暑,历年既久时易事殊,关于庶政因革损益势不能不略有变更,以期适用民国十四年以还所有事实经过情形,由主管各科暨附属个机关按照制杖择其案件稍涉重要者汇成。"该刊共分两类,有本局经办事项和附属机关经办事项。

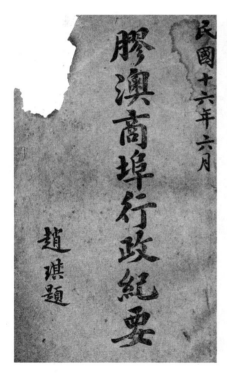

016. D695.2/1 胶济铁路党义研究会会刊

胶济铁路党义研究会编·编者刊. 青岛. 1931 年 5 月. 月刊. 26.5 cm×19 cm

　　该会成立于 1929 年 6 月。会刊发行的使命是"阐扬总理遗训以及一切党义，纠正幼稚社会科学，统一全国青年思想"，目的为"研究党义，求知识之充实，本真知而实行，以谋国家建设"。第一期详细记录了该会章程、组织条例和规则及工作开展情况，并载有研究总理遗训、三民主义等问题的论著和演讲十篇，以及专载《研究政治要自总理的遗著着手》（蒋中正）、《总理实业计划序文》（孙科）。

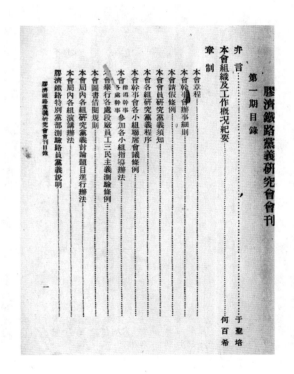

017. D632/1 鲁青善救旬刊

行政院善后救济总署鲁青分署秘书室编·编者刊. 青岛. 1946 年 5 月 31 日～
1947 年 1 月 1 日. 7～28 期. 旬刊. 26 cm×18.5 cm

　　行政院善后救济总署鲁青分署于 1945 年 12 月 1 日奉行总令正式成立,署
址位于青岛市堂邑路 11 号,1947 年 2 月发布结束公告。《鲁青善救旬刊》即为
青岛分署编辑的善后救济专刊,1946 年 5 月 31 日出版,其前身是《善后救济总
署鲁青分署旬报》,刊期仍沿用《善后救济总署鲁青分署旬报》的刊期。1947 年
2 月 1 日改为《鲁青善救月刊》,刊期仍沿用《鲁青善救旬刊》。主要业务分为两
大项,一为救济,一为善后。救济为一时的紧急措施,善后系恢复原有的事业,
二者是相辅相成的。"善后重于救济"是高救济于善后之重。该刊主要刊登
1946 年以来"鲁青实情""难民救济活动",通报救灾进展、善后各项业务活动,包
括总署的训令、规章,各分署的工作报告及会议录,介绍该分署业务工作情况,
探讨善后救济理论,报道物资与经费的来源及发放办法、难民收容、灾害预防、
战后重建等问题。其中,青岛地方史料占有一定比重。

018. D693/352 中央日报周刊

耿修业主编. 南京中央日报刊行. 南京. 1947 年. 周刊. 25.5 cm×19 cm

　　该刊内容包括"图片之部分"和"文字之部分",有漫画、文稿、照片等形式。收录了一些当时的珍贵照片,封面内页是青岛风景画,拍摄了当时曲阜路天主教堂、迎宾馆、水族馆、滨海公园等风景实貌。

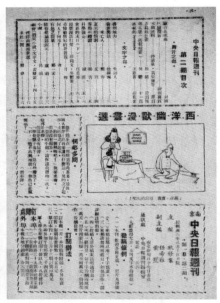

019. D69/7 平民月报

平民月报社编. 徐觉生主编 · 编者刊. 青岛. 1933 年 3 月～1935 年 4 月,七七事变后停刊,1946 年 2 月复刊. 月刊. 26 cm×19 cm

    该刊为综合性时事月刊,社址在青岛市博平路 15 号,社长张乐古,总编辑王子美,编辑韩致远等. 主要刊登时事新闻、内政外交政策、中外时局发展综述、学术笔记等内容. 对经济问题尤为关注,曾设有"华社经济研讨"专栏,并发表马寅初《怎样利用外资》译文. 栏目有"评论""专论""杂记""演讲""国际""特载""省政""时局""海外""介绍""译文""宗教""文艺""时事日志"等. 刊前附有军政要员、演艺界名伶及风景照片.

020. D69/5 青岛

张威初主编. 青岛半月刊社发行. 青岛. 1946 年 6 月(创刊)～1947 年 4 月. 半月刊. 26.5 cm×19 cm

　　该刊社址在青岛高苑路 5 号,是一本综合性社科文艺类杂志。栏目有"时论""青岛半月""短评""经济""信箱""文艺""影剧""园地""妇女""通讯""特写""青岛新人物志",编发者曾写道:青岛半月是记一些在青岛半月来所发生的事情,文人动静则是专记载一些文人的动态的。劳工、信箱、妇女、通讯、特写也很注重,影与剧方便,要尽量去使它活泼,但不趋向低级。青岛新任务是讽刺着现实来的,预备每期介绍一个。

021. D69/4 青岛画报

赵庶常,钱醉竹主编.繁荣促进会发行.青岛.1934年6月～1937年6月.半月刊. 27 cm×19.5 cm

　　社址在青岛市湖南路31号,是当时青岛唯一的画报,影响很大。分照片、文字两部分,照片包括青岛风景、人物、新闻图片,外埠及外国的场景、人物,并对青岛进行了多方面的文字介绍,如现在的青岛、青岛的建设、艺术在青岛、青岛的治安、九水的樱桃。此外还有社会小说等。

022. D69/6 前导月刊

青岛特别市党务指导委员会前导月刊编委会编·编者刊.青岛.1930年12月~1931年3月.月刊.23 cm×16 cm

　　会址在青岛太平路8号。为社会科学、文艺等方面的学术研究杂志，庐隐题写刊名，其使命为"就在一方面摧毁其他反科学的形形色色的理论，同时积极得到堆金积玉般地建设民生史观的社会科学及文艺之理论"。其载文有《国民会议的面面观》《新财阀》《中国农业经济衰落原因之研究》《三民主义探讨》《现在英国诗歌及猫头鹰与儿童（译作）》，等等。

023. D675.235/2 青岛警察

青岛警察局编 · 编者刊. 青岛. 1937 年 5 月. 月刊. 21.5 cm×15.5 cm

青岛市警察局青岛警察月刊社编,社址在青岛市湖北路 29 号。该刊以研究警察学术与阐扬革命理论、增进警察职能,确定革命警察人生观以谋警政之改进完成建警建国为目的。内容主要有"特载""论著""工作报导""破案纪实""文艺""法令""杂俎""地方通讯""重要统计""警察常识"等栏目。

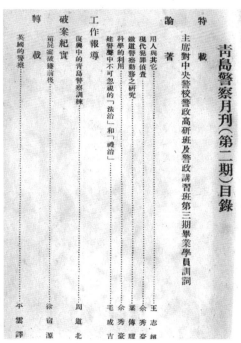

青島警察月刊（第二期）目錄

特 載

主席對中央警校警政高研班及警政講習班第三期畢業學員訓詞　　王志超

論 著

用人與其它　　余秀峯

現代犯罪偵查　　葉傳贈

鐵道警察勤務之研究　　毛成吉

科學的利用　　周道北

建警聲中不可忽視的「法治」和「禮治」　　徐宿源

工 作 報 導

復興中的青島警察訓練

破 案 紀 實

筍屍案破獲前後

轉 載

英國的警察　　平霆譯

23

024. D675.235/3 青岛市公安局行政年刊

青岛市公安局编·编者刊.青岛. 1934～1935 年. 年刊. 26.5 cm×19 cm

　　该刊是警务刊物。其编纂目的为："原所以记事功,考得失,以求温故知新之意,故岁有所纂,庶几已办者,有何疏漏,当可随时改正,其办而未竣者,如何改进,方可以竟全功。"内容主要为记载每一行政年度的警政事务,包括"行政计划""工作报告""司法重要案件""会议""教育""财政""统计"等专栏,对当地的治安、民政、人口变化有详细的记录,并有司法重要案件和各类统计表 79 种。

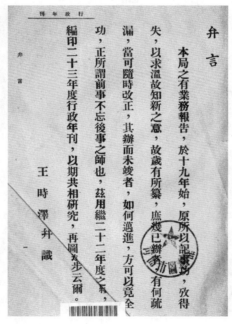

025. D695.2/2 青岛市乡村建设月刊

青岛市政府秘书处编辑委员会编,编者刊.青岛.1933年4~10月.月刊.26.5 cm×19 cm

该刊创刊目的为"兹所措施,概有涉及,方针筹划,谋之寅僚,利害得失,询之民众,步骤既定,计日课程,旬有月报,以资考核,编为专刊,月出一册,目分九门"。颁布乡村建设有关法规、设施、计划和概况,内容涉及公安、财务、农林、教育、观象等各个方面,并有部分公牍和李村地区人口、地亩、副业、农产荒地、病虫害调查统计。共有"言论""专件""法规""视察报告""建设方案""建设成绩""公牍""调查报告""附录"等栏目。

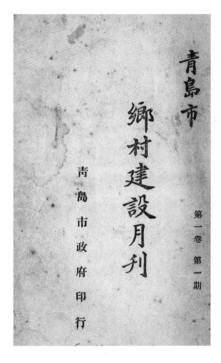 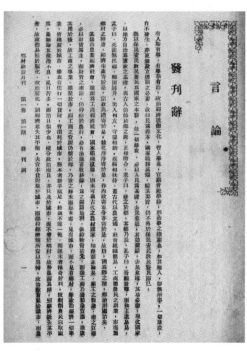

026. D675.2/3 青岛市政府公报

青岛市政府秘书处编·编者刊. 青岛. 1935 年. 周刊. 26 cm×18 cm

由李先良题写刊名,详细记录一周中政府工作情况,如中央政令、本府政令、任免令、中央入地方公布之法规、工作计划、会议记录、各种市政开展情况,另有各种重要统计图表。

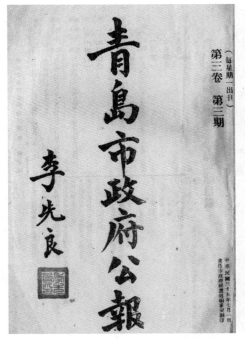

027. D675.2/2 青岛市政府工作报告

青岛市政府秘书处编审室编·编者刊. 青岛. 1946 年. 总 2 期. 半年刊. 25.5 cm ×18 cm

该刊是市政刊物,详细记载一般行政、民政、社会、教育、工务、港务、财政、地政、卫生、警政、气象、人事、会计、农林、自来水厂、码头运输等 13 种业务工作开展的状况并配有图表。

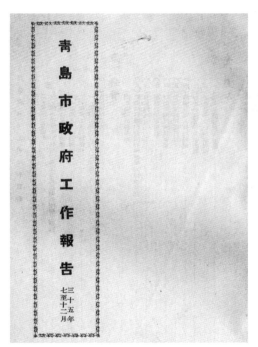
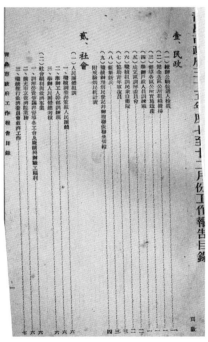

028. D693.62-2/2 青岛市政府港务局施政报告

青岛市港务局编·编者刊. 青岛. 1945 年 10 月~1946 年 9 月. 年刊. 26 cm×
18.5 cm

　　有概述、业务、海务、工务、统计表五个项目,涉及码头规则、码头费率征收、
核发船舶出港许可证、船上检疫、港口导灯旗台修理、船舶进出口只数及吨位统
计、旅客出进口统计等内容。

029. D693.62-2/10 青岛市政府三十六年度中心工作报告

青岛市政府秘书处编·编者刊. 青岛. 1947年12月. 年刊. 26.5 cm×19 cm

　　分为民政、财政、教育、社会、地政、卫生、工务、港务、农林、自来水、人事共 11 项，皆配以各项统计表。

030. D693.62-2/7 青岛市政府施政报告

青岛市政府秘书处编审室编印·编者刊. 青岛. 1946 年 10 月～1948 年 9 月. 月刊. 26 cm×18 cm

内容有奉行中央法令事项、拟定法令章则事项和工作概况三大类。其中工作概况一类又细分为民政、财政、教育、社会、地政、卫生、工务、港务、警政、农林、观象、统计、自来水和人事共 14 类细目。

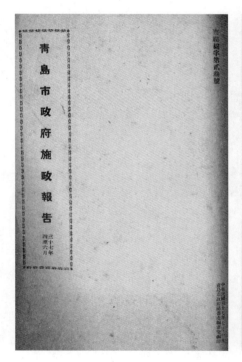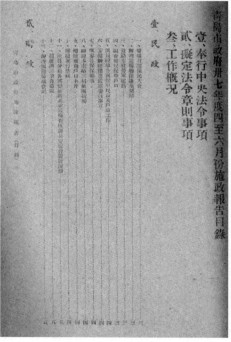

031. D675.2/1 青岛市政府市政公报

青岛市政府秘书处编·编者刊. 青岛. 1930 年 9 月～1937 年 5 月. 12～87 期. 月刊. 26 cm×18.5 cm

前身为《青岛特别市政府市政公报》

由《青岛市政府公报》替代

　　该刊是市政刊物,主要刊登市政府工作进展的详细记录,包括青岛市政府的各项命令、法规、文电、训令、指令、布告、要录、统计等内容。栏目有"法规""公牍""训令""专载"等。该刊前身为 1929 年 8 月创刊的《青岛特别市政府市政公报》,1930 年 9 月第 12 期改为《青岛市政府市政公报》。

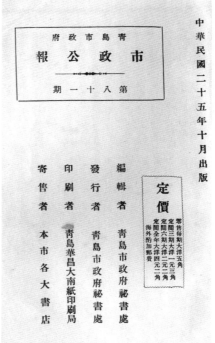

032. D693.62-2/6 青岛市政府卫生局施政报告

青岛市卫生局编·编者刊. 青岛. 1947年. 半年刊. 26 cm×18.5 cm

该刊有概论、施政报告、结论、各种工作简要统计表，涉及整顿医疗机构、实施防疫工作、推行学校妇婴卫生、传染病统计、环境卫生改善、药品供应状况分析等内容。

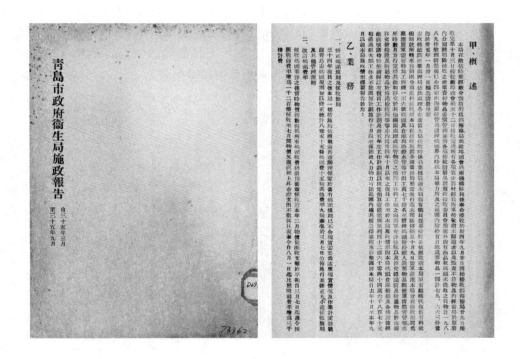

033. D693.62-2/5 青岛市政府行政报告

青岛市政府秘书处编印·编者刊. 青岛 1931 年 11 月. 月刊. 27.5 cm×19.5 cm

　　内容有奉行中央法令、颁行本市单行法规、市政府会议决议事项摘要、本府举办事项、财政、土地、社会行政、工务、警务、卫生、教育文化风纪共 11 类事项。涉及市税、财政收支、土地测量及登记、农工商业之调查统计、公益慈善、河道港务及船政管理、公用事业经营及取缔、公安与消防、户口调查及统计、公共卫生、医药监督及检验、学校教育、社会教育等内容。

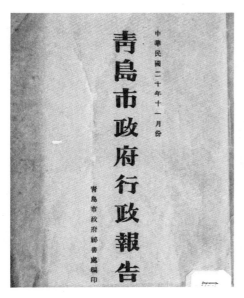

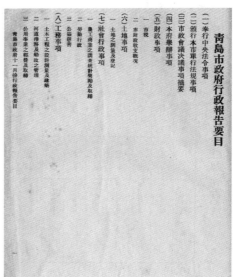

034. D675.2/6 青岛特别市胶州行政办事处政务月报

胶州行政办事处编·编者刊. 青岛. 1944 年 5 月. 26.5 cm×17.8 cm. 油印本

内容有胶州当月政务、民政、社会、教育、财务、警备、建设、人事异动、司法、宣传等各种政务工作情况,配有大量图表。

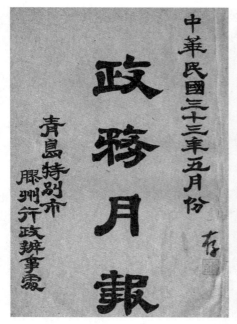

035. D675.2/4 青岛特别市即墨行政办事处政务月报

青岛市即墨行政办事处编·编者刊. 青岛. 1943 年 1 月～1944 年 11 月. 月刊.
27 cm×17.8 cm. 油印本

内容有即墨当月社会、民政、宣传、教育、财政、警备、建设等各种政务工作情况,配有各区表格政务和地图。

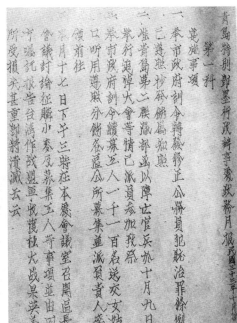

036. D675.2/5 青岛特别市崂山行政办事处政务月报

崂山行政办事处编·编者刊. 青岛. 1942 年 9 月～1944 年 11 月. 月刊. 27 cm×18 cm. 油印本

内容有崂山当月社会、教育、财政、警备、建设等各种政务工作情况。

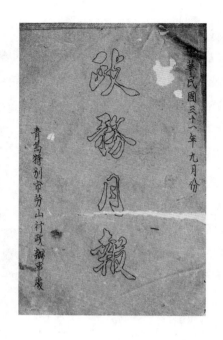

037. D675.265/1 青岛特别市商会会报

王正平主编. 青岛特别市商会发行. 青岛. 1944 年 12 月. 月刊. 22 cm×15.5 cm

　　1916 年,青岛华商商务总会改组为青岛总商会。日本侵占青岛时期,在中山路 74 号重新组建青岛市商务会,采用董事制。1940 年,在会商号已达 2840 家。1946 年 4 月青岛市商会成立,内设秘书室及总务、商工、调查 3 个科。该报发行之初衷"除将青岛商工实况、物价变动情形及各大都市可供参考之经济资料逐月公布外,并于经济理论方面,亦按期作启蒙之启示"。《食粮配给问题研究》《茶叶》《各地金融商品实况》《纸币小史》等均有收录。

038. D69/3 青年月刊

青岛青年月刊社编・编者刊.青岛.1946年4月.月刊.26.5 cm×18.5 cm

　　该刊社址在湖北路5号。关于青年问题的综合性出版物,创刊的目的是:"发扬三民主义的文化,促成和平建国的实现,正确地认识与严正地批判,赤裸裸地描写。"内容包括三民主义青年团的活动、战后世界思潮之趋向、略谈妇女问题、论和平建国、戏剧导演论等。开设"特载""转载""论著""青年论文专栏""文艺""通讯"等栏目。

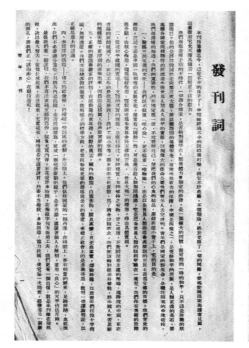

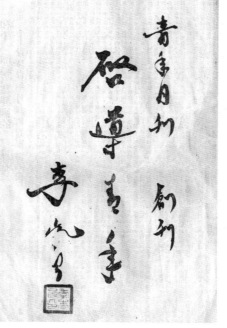

039. D69/2 青声

芮麟编. 青声月刊社出版. 青岛. 1947年2月～1947年8月. 1～4期；复刊1948年1月～1948年5月. 月刊. 26.5 cm×19 cm

　　该刊是政治评论刊物，以提高青岛学术研究水平、青岛文化为宗旨，作者多是青岛的政府官员和大学教授，如时任政府人事处处长芮麟、山东大学教授徐中玉、王统照等。内容涉及政治、经济、文学等方面，尤以政论为主。《创刊词》中讲道："青声是一片自由的园地，是一个综合性的学术刊物。里面有：国事的评论、中西学术思想的介绍与研究、文艺理论的商讨与创作的选载，以及青岛建设的报道与批判。"创刊号中刊登了谈明华的《过去一年中国政局的检讨与今后政治前途的展望》和芮麟的《千秋抗战记崂山》。

040. D693.9/116 三六九画报

朱书绅编辑. 三六九画报社发行. 北京. 1939 年. 三日刊. 25 cm×18 cm

　　是民国时期的一种画报期刊,封面多是京剧坤角,该刊还举办过短篇小说大赛征文,是民国时期流传广泛的娱乐小刊。

041. D43/1 山东青年

刘彬、孙宇轩主编. 山东青年月刊社刊. 青岛. 1946 年 7 月 15 日（创刊）～1948年 6 月复刊. 月刊. 26 cm×19 cm

　　山东青年协会成立于 1945 年 6 月 3 日。社址在青岛市湖北路 50 号，1946年创刊，傅斯年题写刊名，以"发扬山东文化，探讨青年问题，暴露社会黑暗、反映民间疾苦"为宗旨，出版 4 期后停刊，1948 年复刊。栏目包括"论著""杂文""特稿""通讯""专访""艺文坛""学府漫步""青年信箱"等。其中，创刊号上载有《青岛市学校教育现况》《青岛市社会教育现况》二文，1947 年第三、四期合辑中刊有《岛上山大》（青岛通讯）一文。

042. D693.66/4 善后救济总署鲁青分署三十五年度业务报告

善后救济总署鲁青分署秘书室编印. 青岛.
1947 年 1 月. 26.5 cm×19.5 cm

该刊封面印有"青岛市市立李村师范学校"章,栏目包括"组织及人事""经费及物资""储运业务及其费用""赈恤业务""遗送业务""农业救济与善后""卫生与防疫工作""工矿善后业务""共区救济""工作检讨""卅六年度工作计划"等。

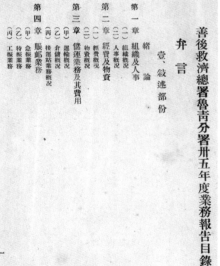

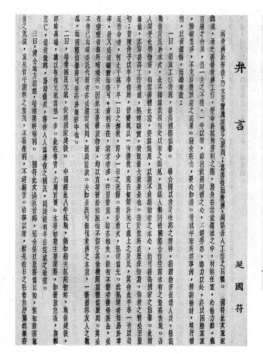

043. D632/2 善后救济总署鲁青分署旬报

善后救济总署鲁青分署编·编者刊. 青岛. 1946 年 3 月 10 日～1946 年 4 月 30 日. 1～6 期. 旬刊. 15 cm×21 cm

1946 年 5 月改为《鲁青善救月刊》。

除刊载有关的法令章则及该署工作报告外,也反映他人善后救济的名作及有关赈务、卫生、医药以及农工水利交通运输等的重建问题。例如,刊登总署的训令、规章,各分署的工作报告及会议录,介绍该分署业务工作情况,探讨善后救济理论,报道物资与经费的来源及发放办法、难民收容、灾害预防、战后重建等问题。

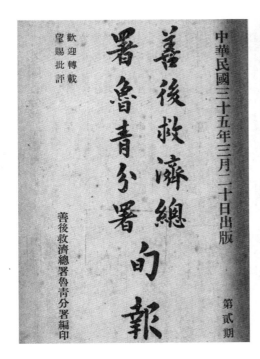
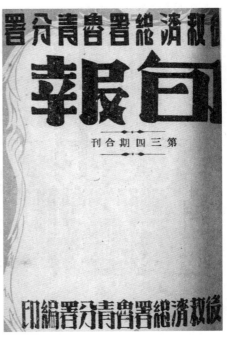

044. D69/1 社会半年刊

青岛特别市社会局编纂委员会编. 青岛特别市社会局刊. 青岛. 1946 年 6 月. 半年刊. 26.5 cm×19 cm

　　社会综合性杂志,刊登社会局有关局务,栏目有"论坛""局务""调查""章则""专载""文艺"等。内容有社会局、救济院、牲畜管理处、感化所等局属单位工作报告,日需物资批发价格、工业概况等调查报告,东亚蛋业股份有限公司、湛山寺共住规约章则以及诗歌、游记、杂记、影评、漫画等。

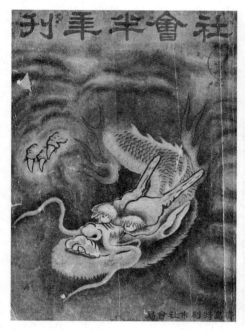
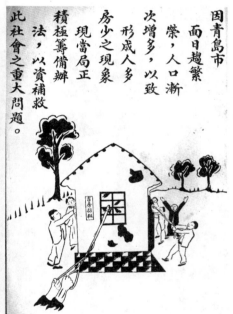

因青岛市面日趋繁荣,人口渐次增多,以致形成人多房少之现象,现当局正积极筹备办法,以资补救,此社会之重大问题。

045. D43/2 中国青年

中国青年月刊社编. 朝阳公馆刊行. 1943 年 5 月（创刊）. 济南. 月刊. 26 cm×19 cm

　　中国青年协会成立于 1942 年底，倡导"自力更生，自存共存，共同建立繁荣幸福的亚洲民族联盟运动"，以"发扬民族文化、建树革新理想、辅导社会教育、提高艺术水准"为创办宗旨。开设"社论""论著""时事""文艺""青年运动特辑""青年习作""青年服务"等栏目，是一个综合性的社会科学月刊。

046. D693.62/10 中华民国三十七年青岛市政府工作计划

青岛市政府秘书处编审室编印. 青岛. 1947 年 9 月 10 日. 26 cm×18 cm

　　该刊内容包括行政部门的"计划提要""计划表""专业部门的计划提要""计划表""营业部门的计划提要"和"计划表"等。

E

047. E7/1 海校校刊

海军军官学校校刊编辑委员会编. 海军军官学校发行. 青岛. 1948 年～1949 年
1 月. 不定期. 27 cm×19 cm

　　该刊于 1948 年创刊，至 1949 年 1 月出版了 8 期，主要报道学校训练及生活
动态，以此作为新兵训练参考，以体现即训即练、即练即用的勤学精神，为我国
海军带来新鲜且有活力的春天气息。主要内容有登陆舰舰规、中国海军简史、
美国海军军官学校的生活以及诗、散文等。

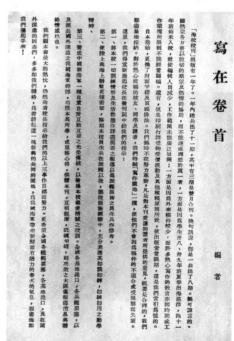

048. E296.94/1 建军特刊

阵中简报社编辑. 山东挺进军第一军区政工大队发行. 青岛. 1945 年 11 月 18 日. 21.5 cm×15 cm

该刊为陆军暂编第十二师建军七周年纪念特刊, 其师长赵保原, 勋绩卓著, 为纪念赵师长的英明及军士勇武, 编印此刊, 以作"扩大而永久的纪念"。该刊内容包括"抗战实记""论著""文艺""专载"等。

48

F

049. F127.52-67/2 调查资料

青岛守备民政部铁道部发行. 青岛. 1917～1922 年. 22.5 cm×15 cm

　　该刊为日本侵华势力对山东铁道沿线城市经济、劳动状态、煤炭运输状况等所做的调查资料。

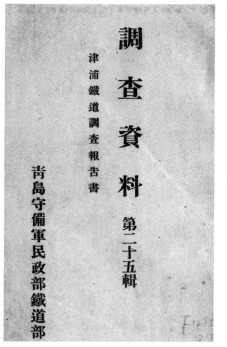

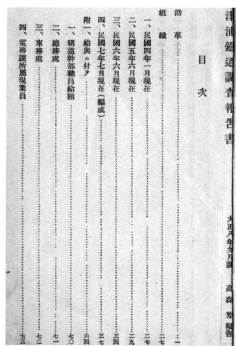

050. F3/2 都市与农村

金慕陶编. 都市与农村旬刊社. 青岛. 1935 年 4 月 21 日～1937 年 4 月 5 日. 1～23 期. 旬刊. 27 cm×19.5 cm

    该刊主要研究中国经济问题,探讨城市发展与农村发展的相互关系。20 世纪 30 年代,中国领土遭日本帝国主义侵占,遇到空前的大灾,国民经济崩溃,政府当局与学者及关心国事的各界人士,纷纷把注意力转向农村。《发刊词》中说:"'复兴农村运动'是挽救国民经济的治本办法。"该刊认为都市也与农村一样到了危险的境地,不过显露的情形相异而已,因此创刊的宗旨就是繁荣都市和复兴农村,树立充裕自立的国民经济、抵抗外来侵略。

    该刊主要内容是关于青岛农村经济概况、市乡建设、青岛土地及行政沿革等,创刊号载有唐渭滨的文章《中国农村问题之分析》;第 9 期为"第四届铁展特刊";第 11 期是《胶济专号》,内有胶济沿线物产概观、崂山导游等;第 17 期为青岛建设专号;第 19 期有著名戏剧家宋春舫的《外国语一夕谈》。

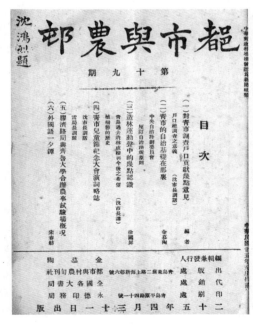

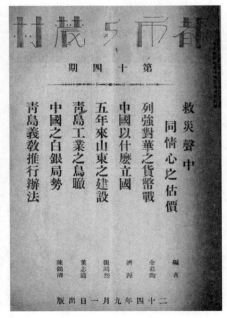

051. F/4 工商周报

工商周报社编. 发行人戚光复. 青岛. 1947 年 1 月. 周刊. 25.5 cm×19 cm

　　该刊社址在青岛东阿路 30 号，王晴初题写刊名。主要收集本市工商消息、趣闻、工商界的轶事掌故。所辟专栏有"社论""论著""工商调查""工商知识""工商法令""工商统计""工商动态""工商新态""工商人物志""工商俱乐部"等，登载的文章有《建国之工业政策》《香港工业》《浙江绸业》《综合所得税》《青岛市场行情》《修正进出口贸易暂行办法》等。

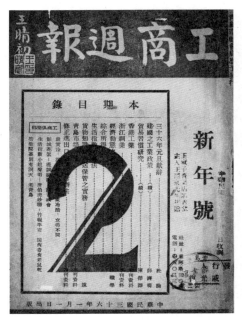 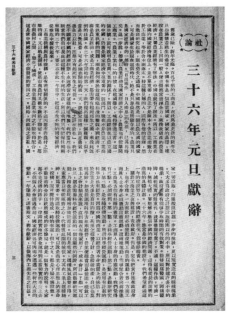

052. F4/1 工业概况

青岛特别市社会局工商科工业股编. 青岛. 1933 年 3 月. 26.5 cm×19.4 cm

　　该刊依据 1932 年末第一期华商经营工厂状况调查编辑而成,旨在供工商经济等与各工业及劳工有关者参考。包括"纺织""化学""机器及金属品""冶铁"等 15 个工业类别,并附有青岛特别市各业工厂设立年度对比图表等 5 个统计图表。

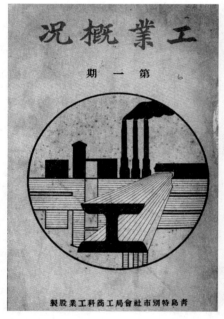

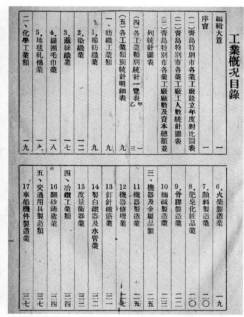

053. F4/2 工业月刊

中国全国工业协会青岛分会编辑. 中国全国工业协会青岛分会发行. 青岛. 1946
年. 月刊. 26 cm×17.5 cm

　　该刊封面有"崇德中学图书馆"印章,总期数不详。主要内容是探讨当时中
国工业现状、讨论民营工业发展方向等,并附有"青岛市民营工厂统计表",为研
究中华人民共和国成立前中国工业状况及青岛的民营工业提供了资料。

054. F550.3-55/2 航业汇报

平野元三郎编辑. 青岛航业联合协会. 青岛. 1940 年 1～7 月. 月刊. 26.5 cm× 19.5 cm

　　该刊为日文刊物，主要研究中国航业现状、分析研究港口、运输、物流等相关问题。主要内容有"调查""研究""规程""统计""杂报"等。

055. F550.3-55/1 华北航业

日高羊作编辑. 华北航业总工会发行. 青岛. 1940～1944 年. 期数不详. 22.2 cm ×15.3 cm

该刊为日文刊物,栏目有"专著释义""中国航政史""行业现状""华北沿岸经济概况""海运贸易关系记事""华北沿岸贸易状况"等,集中反映了当时日本在华势力对华北航业的控制。

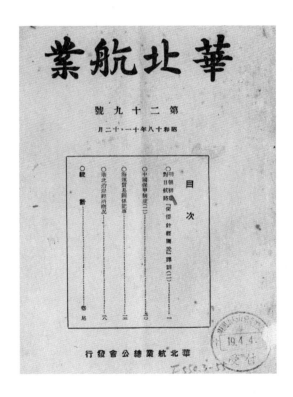

056. F23/1 会计月刊

吴雁南编. 青岛会计研究会发行. 青岛 1946 年 9(创刊)～10 月. 月刊. 26 cm×18 cm

青岛市会计研究会成立于 1946 年 6 月 16 日,宗旨为"建立有组织之优良会计,废除吴系统之旧式账簿"。为专业会计学文献的刊物,设"论著""讲义""转载""统计""商法言林"等栏目,既有对会计学理论的探讨也有税法契约等的介绍。

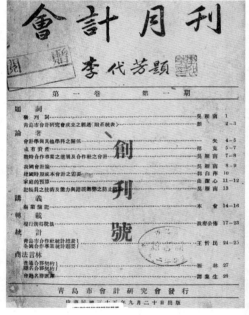

057. F761-2 检验季刊

实业部青岛商品检验局编辑并发行. 青岛.
1936～1941 年. 季刊. 26 cm×19 cm

该刊内容包括"相片""插图""弁言""论著""转载""调查""统计"等。

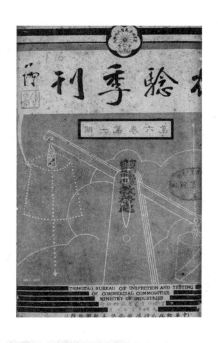

本局獸疫血清製造所全景

弁言

我國檢政之設，於玆五載。因商人閒於積習，淺視短見，農民不知改良，增加生產。故數年來，雖一方實施澈底檢驗，以期打破國際商場之難關；一方宣傳提倡，研究指導，以期國產改良，發展對外貿易，以救濟農村經濟之衰頹。而結果，絲茶次第慘敗，最近印度之花生、南美之桐油，與日本經營我東三省後之大豆蔬葉，均有侵奪我國銷路之趨勢，是則，廁身檢政者，在此環境嚴重壓迫之下，益感責任之重大，努力奮鬥，有不容稍息者。

青島為華北重要商港，與檢驗手續上技術上之力求精敏，設商品研究場，集各地之農產品栽培試種，指導改良，戮力赴之。本局同仁不敏，自愧力薄，尚望社會方面，多加贊助，積極宜傳倡導。凡此種種，戮血清製造所，製造各種獸疫血清暨預防液，謀家畜之安全，期畜產商品之暢銷，使生產品質改良；力祛作偽，使商品在世界商場上能與各國抗衡，挽回國際貿易信譽，銷場不致被人侵奪，則檢政前途，目的可期。農村經濟，得以恢復。即國家財力，亦藉此

一

058. F76/1 检验月刊

青岛商品检验局编·编者刊. 青岛. 1934～1943 年. 季刊. 26.7 cm×19 cm

　　该刊原名为《工商部青岛商品检验局检验月刊》,1929 年 11 月创刊,原以期计算,计 30 期,自 1934 年起改为《检验月刊》,且以 6 卷 1 期计算。1934 年停刊,1936 年复刊,期数另起,1937 年停刊,1938 年复刊,1943 年 4 月停刊。

　　该刊为当时实业部定期刊物第 16 种,内容涉及农工商产品检验、国际贸易、化学实验及相关调查、统计资料等。栏目有"论著""检验成绩""调查""统计""附表""附录"等。

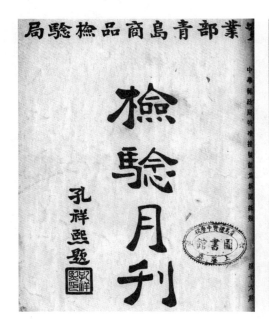

059. F752.5/1 近十年胶海关中外主要贸易比较表

青岛工商学会印行. 青岛. 1933 年. 26 cm×19.4 cm

该刊内容包括 1922~1931 年间胶海关贸易货值比较表、洋货自外国进口之贸易货储比较表、土货出口往外国之贸易储值比较表、胶海关十项大宗进口洋货五年比较表、胶海关十项大宗土货出口五年比较表、胶海关出入口各国海轮只数及顺数五年比较表。

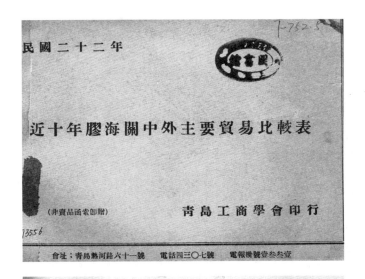

060. F810.7/1 民国三十六年度财政部青岛货物税务局工作年报

青岛货物税务局编. 青岛. 1947 年 1 月. 年刊. 26.4 cm×18.9 cm

青岛货物税务局内部刊物，内容包括总纲、总说、各项统计目录、本局暨所属机构组织系统表、职员名录等。

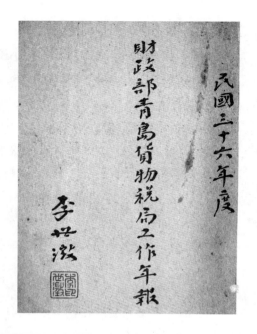

061. F3/1 民国三十年度年报

青岛市农事合作事业辅导委员会常任辅导部编. 青岛. 1941 年. 25.6 cm×18.8 cm

青岛特别市农事合作事业编导委员会常任辅导部下辖胶州区、即墨区及青岛市区的农事合作，年报中详细介绍了 1941 年青岛的良种配付、果菜、粮食、牲畜买卖等情况并列有相关调查表格。

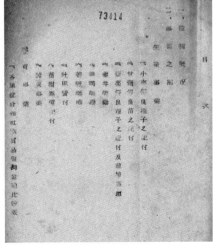

062. F/1 青岛工商季刊

青岛工商学会编·编者刊. 青岛. 1933 年 12 月～1936 年 12 月. 季刊. 25.2 cm ×17.7 cm

　　由青岛工商学会编辑,会址在热河路 61 号,是当时国内研究工商经济的翘楚,不论专题研究、调查统计还是摘登资讯,均能立足本域、放眼世界。该刊是工商行业专刊,登载关于工商事业及经济建设方面的文章(包括译文),主要内容为报道青岛市及国内的工商业状况,介绍工商业法规、调查统计资料以及该会会务报告等内容。所辟栏目有"撰述""调查""工商法规""青岛市工商状况""国内工商状况""国际工商状况""工商业统计""工商事件""附录"等。由沈鸿烈市长题写刊名,附有工商学会理事沈成章、胡秀松、葛静岑、陆渭渔、崔景三、麦公立、宋雨亭等人照片。

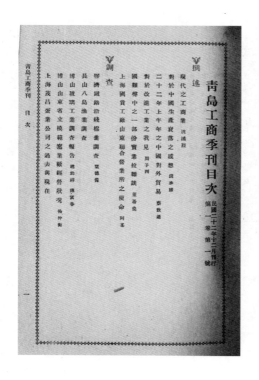

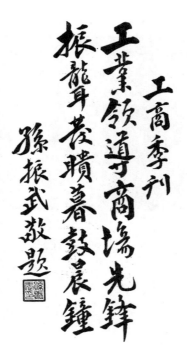

063. F427.52/1 青岛工业特刊

中国全国工业协会青岛分会编辑并发行. 青岛. 1946 年 4 月. 26.5 cm×18 cm

该刊栏目包括"发刊词""会务报道""转载""论著""调查统计"等。

064. F76/1 检验季刊

青岛商品检验局编·编者刊. 青岛. 1936 年 1 月～1941 年 1 月. 季刊. 26.5 cm ×19 cm

该刊社址位于青岛市安徽路 40 号,由赵琪题写刊名。刊中伊藤义雄的《检验政策及其使命》一文提到"检验之机能不但可增进生产品质商品价值,同时策划处理方法之改善,因此增加生产者之收益,并增进交易业者及消费者之便利,再进而言之,则在生产品之需给关系上亦即可容易得到数量及价格之调节"。栏目有"像片""论著""检验成绩""调查""统计""附表""附录"等并附有青岛特别市市长赵瑞泉、检验局局长曹善揆、检验局顾问伊藤义雄的照片。

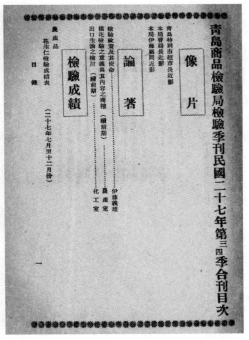

065. F127.52-55/4 青岛经济统计月报

青岛日本商工会议所编·编者刊.青岛.1940年.月刊.26.5 cm×19 cm

  每月一期,由青岛日本商工会议所、青岛航业联合协会、国际运输青岛出张所、青岛取引所、山东起业株式会社、青岛区统税局、青岛商品检验局、山东煤业产销公司、青岛水产组合、青岛特别市警察局、青岛日本总领事馆警察署联合调查,每月对青岛经济概况,小港沿岸贸易,棉布、花生米、花生油、面粉、蛋、糖等物价指数、四驿货物吨数、华人劳动赁银、商品检验统计、水产组合、中外人口调查等进行调查统计,于每期之中对每月经济概况加以总结。

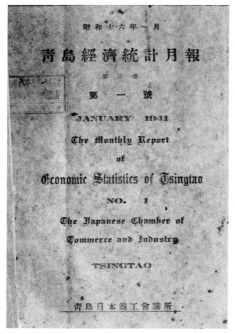

066. F723/1 青岛取引所月报

株式会社青岛取引所编・编者刊. 青岛. 1938～1942 月刊. 26.5 cm×19.5 cm

　　日本官办青岛取引所成立于 1920 年 2 月,同年 11 月成立中日合资的商办青岛取引所株式会社。1922 年,中国收回青岛主权后,改称株式会社青岛取引所,继续由日本人管理,主要经营花生米、油、棉纱、棉花、面粉、日元、银圆、股票等期货和证券差价交易。青岛取引所大楼旧址位于市北区馆陶路 22 号,由日本建筑师三井幸次郎所设计,始建于 1920 年,历时 5 年,建筑面积 18253 平方米,是当时代亚洲体量最大之证券交易场所,1944 年 6 月取引所宣告解散。

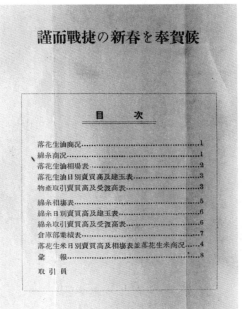

067. F/2 经济统计简报

青岛市政府统计室编·编者刊. 青岛. 1946 年 11 月～1947 年 10 期. 月刊.
26 cm×19 cm. 油印本

该刊统计内容为指数、物价、金融及其他四大部分,主要包括物价指数、生活指数、工人工资指数、各辖区零售国货价格指数等,由陈天泰题写刊名。

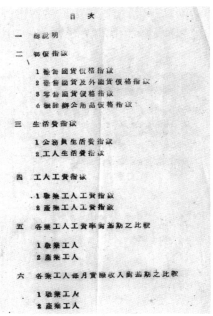

068. F127.52-55/2 社会经济月报

青岛特别市社会局经济科编·编者刊. 青岛. 1939 年 1～8 月. 月刊. 26.8 cm×19.5 cm

青岛特别市社会局社址在青岛市奉天路 214 号。该刊为日文文献,每月一辑,中日文对照,介绍青岛各种经济情况。每辑围绕一个专题,第一辑为青岛沿海鱼类名称对照表,第二辑为青岛水产状况,第三辑为青岛农业调查,第四辑为青岛渔具解说,第五辑为经济都市青岛,第六辑为青岛市中国商工总览,第七辑为棉花增殖一年回顾及今后对策,第八辑为回顾以青岛为中心的华北水产界。

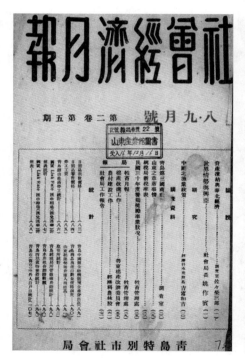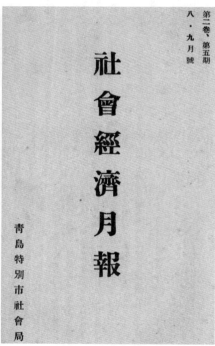

069. F812.752/3-2 青岛市三十五年下半年度地方岁入岁出总预算书

青岛市政府会计处编. 青岛. 1946 年 10 月. 26 cm×18 cm

　　青岛市政府编制的预算书。内容包括总说明,指出该预算书是遵照相关公函制定;青岛市民国三十五年(1936 年)下半年度地方预算岁入总表;青岛市三十五年下半年度地方岁入总预算书;青岛市三十五年下半年度地方岁出总预算事业别总计表;青岛市三十五年下半年度地方岁出总预算机关别总计表;青岛市三十五年下半年度地方岁出总预算书。

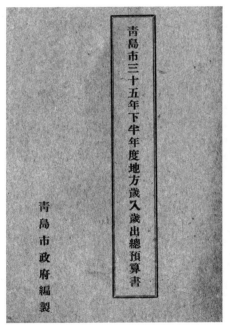

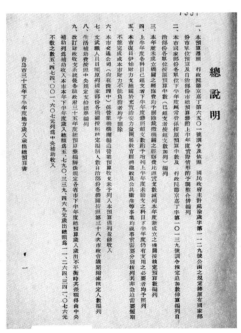

070. F724/1 青岛市物价月报

青岛市政府统计处编. 青岛. 1946～1948 年. 月刊. 27.3 cm×18 cm

该刊前期称《青岛市物价指数月刊》。

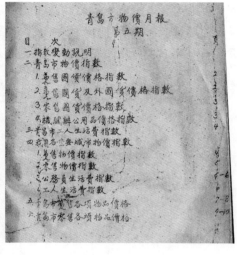

071. F724/1 青岛市物价指数月刊

青岛市政府统计处编. 青岛. 1946 年. 月刊. 26 cm×18 cm

　　该刊通报青岛市物价指数、指数变动说明、青岛市工人生活费指数、我国各重要城市物价指数、青岛市零售各项物品价格、青岛趸售各项物品价格,后改名为《青岛市物价月报》,内附 1938 年 6 月青岛市物价指数简报。

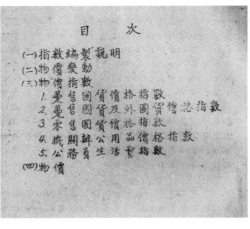

072. F127.52-67/1（2）山东研究资料

日文文献，馆藏第 1～3 编，青岛军政署编. 1917 年. 22.6 cm×15.2 cm

　　本资料为多集，分别研究介绍山东人的性格、教育状况、度量衡、货币、南部山东的畜产概况、平度潍县等地的畜产概况，与青岛有关的内容主要有青岛的贸易、民船贸易、制钱、青岛物价及狂犬病的预防等四部分，涉及青岛贸易发展原因与趋势、重要输入品沿线分布状态、对各国贸易、取引货物、日德开战前后状态、制钱由来及成分、制钱买卖状况及各种贸易产品生活用品（如米、肉、糖、蛋、油、面、棉花、石炭、石油、棉布等）物价表。

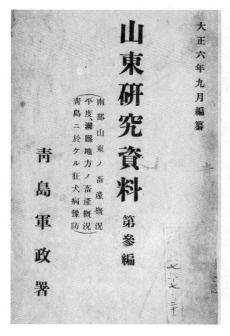

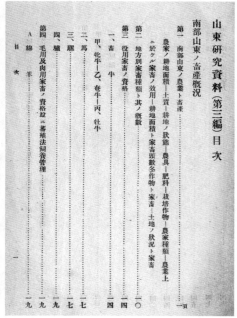

073. F28/1 山东省建设月刊

山东省政府建设厅编辑处编・编者刊.济南.1929年10月～1930年3月.1～6期;1931年1月～1934年12月复刊.1卷1期～4卷2期.月刊.26 cm×18.5 cm

该刊由《山东省建设半月刊》替代。

该刊刊登有关建设厅及所属各机关建设进行之状况及关于建设事业学理研究的文章,主要是介绍山东省的建设情况,如航运、水利、电力、运输及相关法规、省财政情况等。栏目有"图画""论著""法规""公牍""计划""提案""专载""命令""统计""要闻""转载""附录"等,并附有孙中山遗像、山东省政府主席韩复榘、山东省政府建设厅厅长张鸿烈照片。

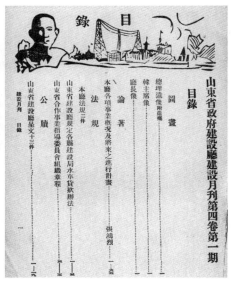

074. F28/2 山东省建设半月刊

山东省政府建设厅编·编者刊. 济南. 1936 年 5 月～1937 年 5 月. 1 卷 1 期～2
卷 10 期. 半月刊. 24.5 cm×18 cm

　　该刊替代《山东省建设月刊》。

　　该刊以指导山东省农业、林业、工业、商业、水利、交通、通信等各方面建设
为宗旨,主要发表有关全省物资建设方面的理论文章、指导性文件、各种调查研
究报告等。栏目有"插图""论著""法规""计划""报告""专载""公文""提案""统
计""记事""附录"等。其中涉及青岛的文章有 1936 年第一期:《平度市征工服
役实施概况》。1936 年第 3 期:《青岛特别市政府长途汽车联运通车办法》。

075. F426.21/26 山东炭月报

山东煤矿产销公司编. 山东煤炭产销公司发行. 青岛. 1944 年. 22.8 cm×15 cm

　　该刊内容包括"一般概况""出炭计划对实绩表""配给计划对发送实绩表""主要品使用量表""工人作业率比较表""青岛埠头受渡作业状况"等，是日本在华势力对当时煤炭生产、供销等情况的调查和研究汇总。

076. F760.6/1 实业部青岛商品检验局三周年纪念特刊

青岛商品检验局编印. 青岛. 1932 年. 27 cm×19 cm

该刊内容包括"题词""论述""统计表"等。论述栏目中的"检验处成立三年来之回顾""三年来油类检验之回顾""山东之棉花""三年来青岛贸易之回顾"等,集中反映了当时青岛的商品检验状况。

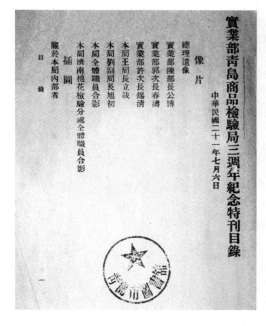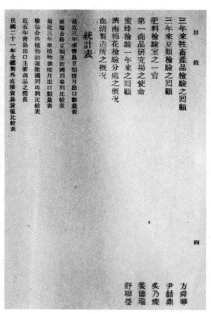

077. F29/1 市政建设

李森堡主编. 中国青岛市政研究会青岛分会市政建设社. 青岛. 1948 年. 月刊. 26.7 cm×19 cm

　　该刊编辑有感于都市建设工作的重要,筹建此刊。刊中所收多为有关市政建设的论述、通讯、会务、资料等,其中不乏外埠乃至国外市政建设的情况介绍。

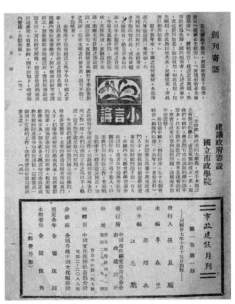

078. F726/24 物价统计月刊

实业部编. 1929 年. 月刊. 25.5 cm×19 cm

　　该刊为实业部编辑,内容包括"南京批发物价指数""汉口批发物价指数""青岛批发物价指数""南京粮食批发物价指数""北平工人生活费指数""上海批发物价指数""南京批发物价表""汉口批发物价表""青岛批发物价表"等。

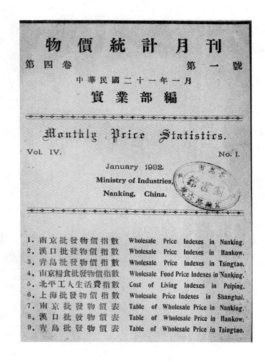

079. F/3 兴工周报

兴工周报社编. 发行人杨大崐. 青岛. 1947 年 9 月(创刊)～1948 年 11 月. 周刊.
26.5 cm×19.5 cm

该刊社址在青岛市长山路 51 号,主编李峰,谷正纲题写刊名。面对工商不
振、文化落后的青岛,该刊的宗旨就是要加强和增进工商业从业人员的知识和
修养,"以智兴工",为工商界同仁服务。栏目有"论著""智识""通讯""专访""读
者之栏""游艺""杂俎""文艺""商情"等,内容涉及对中国社会的观察、挽救工商
业的危机、刷新政治和经济建设等。

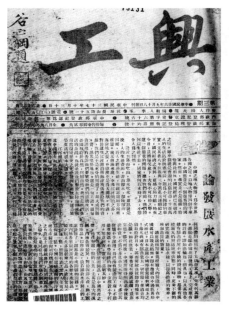

080. F6/3 青岛邮工

邹德英主编·编者刊. 青岛. 1947年. 月刊. 22.5 cm×15.5 cm

　　该刊由青岛邮务工会主办,于1947年元旦之际出刊《新年创刊号》,即第1期。《创刊词》写道:"本刊自三十四年十一月四日成立工会以来,就想发行,但因经过八年敌伪的摧残,会方一切设备,净尽无余,千疮百孔,困难层出,终未实行,第七届又于本年十一月三日成立了,旧的事情,尚未交卸,新的事情又接到手中,千头万绪,无从着手,宣传部负有邮工宣传使命,故无时不在计划发起青岛邮工月刊之观念,一因经费的不足,二以人力的不能集中,曾受了不少的阻碍,千辛万苦,步步难关,在这样困难情形下,本部又以百折不挠之精神,再接再厉,终于使这小小的刊物诞生了。"

081. F552/10 统计简报

青岛市港务局统计股编. 青岛. 1946～1948 年. 月刊. 20.5 cm×29.4 cm. 油印本

　　该刊为青岛市港务局的统计月报，内容涉及码头各项收费、船舶进出口重要货物吨数、轮船出口只数、出港旅客等的统计。

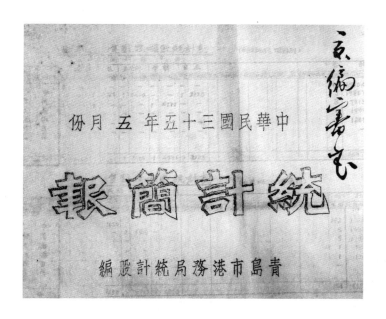

082. F127/246 统计旬报

青岛市港务局编. 青岛. 1946 年 1 月. 旬刊. 27.2 cm～19.8 cm. 油印本

　　该刊为青岛市港务局的统计旬报,每月三期,内容有大港进出口船舶只数、货物吨数及旅客人数比较表、进出口重要货物吨数比较表,小港进出口船舶只数、货物吨数及旅客人数比较表、进出口重要货物吨数比较表。

G

083. G7/1 二十二年工作概况专刊

青岛市市立民众教育馆编. 青岛. 1934 年 3 月. 季刊. 23 cm×15.5 cm

　　该刊初为《民众月刊》后改刊而成《民众季刊》，馆藏创刊号报告了中华民国二十二年(1933)工作概况。具体内容为《1933 年馆务会议纪要》《教育馆改组》《教学工作报告》《各训练班章程》《科普陈列计划》《图书馆整理阅览》《出版、开办电台计划以及总务》，后附教育馆规程、办事细则。

　　民众教育馆开办于 1930 年，初时被社会轻视、后组织健全内部，加强行政管理，逐步改变社会观念，使民众认识到教育馆的作用，并积极组织教育馆的书画研究会、民众剧社和国术训练班以及国乐研究班、书词杂技训练班等活动，民众教育馆又创办刊物，以据事直言为宗旨。

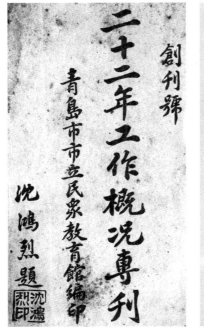

084. G63/2 礼贤月刊

礼贤中学自治会出版部主编. 青岛. 1948 年 5 月. 月刊. 25 cm×18 cm

礼贤中学校刊,创刊于 1944 年,一年内总能出刊 4～5 期,后随抗日军兴,有志青年大多去了后方,故而停刊,1947 年 4 月又复刊,内容多为诗、散文和少量的论文、科学常识等。

复刊第一期是油印本,以后便是铅印本。

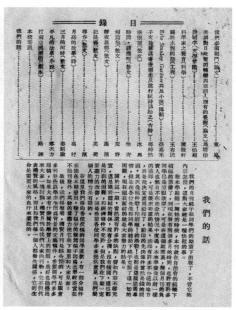

085. G63/3 青岛崇德中学校刊

青岛崇德中学校董事会编. 青岛崇德中学发行. 青岛. 1933 年. 总 1 期. 特刊. 26 cm ×19 cm

　　该刊刊名为青岛市市长沈鸿烈题写，市教育局局长雷法章题写了校训：忠、信、笃、敬。著名教育家蔡元培先生为校刊题词：文质彬彬。校刊编辑委员会由李荣章、齐功亭、邓余鸿、乔萧蓬、王履平、安绮轩、张兰亭、于华平等八位教员组成。该刊栏目有"编者""校董""职教员""毕业生""教务概况""训务概况""事务概况""同学录"等。

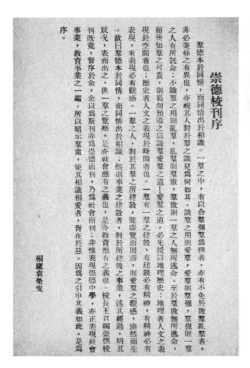

086. G4/4 青岛教育

青岛市教育局编·编者刊. 青岛. 1929～1947 年. 半月刊. 26 cm×19 cm

　　该刊是教育刊物,旨在宣传推行政府教育法令,研究教育理论,介绍教育方法,报告教学实况,以促进教育的发展。栏目有"专载""论著""文艺""杂俎""介绍"等。原为半月刊,自 1931 年 1 月起期数另起,自 1933 年 3 月起期数另起。自 1933 年 12 月新 1 卷 7 期起改为月刊。曾停刊,1947 年复刊,期数另起。

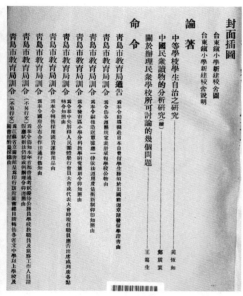

087. G4/3 青岛教育周刊

(伪)青岛特别市教育局编·编者刊. 青岛. 1940～1941 年. 半月刊. 22 cm×15.5 cm

该刊以"改革过去党化教育之流弊与发扬东方文化之真髓并报告教育实况以促进本市教育发展"为宗旨。内容主要是关于青岛教育问题的文章，以宣布教育政令、研究学理、介绍教育方法、报告教育实况。除创刊号为专号外，其余大致分为"论著""专载""法规""公牍""计划及报告""教育史料""各校通讯""教育消息""杂著""附录"等栏目。

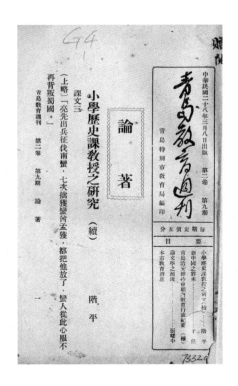

088. G4/6 青岛教育:复员专号

青岛市政府教育局编. 1947 年. 青岛.
26 cm×18.5 cm

　　该刊栏目有"教育机关及学校建筑"及"重要计划及法规"等。

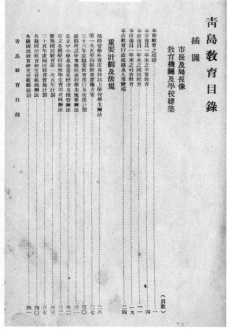

089. G63/7 青岛市立江苏路小学校刊

青岛市立江苏路小学校刊编辑委员会编.青岛胶东书社.青岛.月刊.1934 年.
19 cm×13 cm

　　该刊收集市立江苏路小学学生所作小说、议论文、故事、书信、诗歌等文学作品。栏目有"校闻""论说文""小说""记事文""叙事文""书信文""故事""日记""寓言""杂俎""诗歌"等,为该校校刊,每月出版一次。

090. G6/2 青岛实小月刊

青岛实验小学月刊编委会编. 1933 年. 青岛. 月刊. 25.5 cm×17.5 cm

　　青岛实验小学校址为兰山路 2 号。该刊为实验小学校刊。栏目有"研究及报告""学校行政"。刊登有关幼稚教育的论文,探讨复式教育的价值,学校行政方面的事务等。

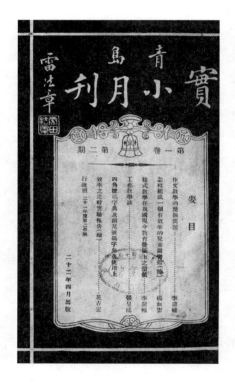

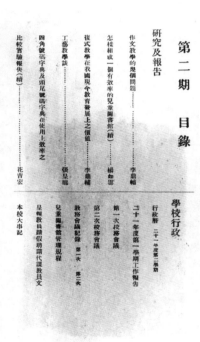

091. G63/4 青岛私立圣功女子中学校刊

青岛私立圣功女子中学编印. 青岛. 1935 年 6 月. 26 cm×19 cm

　　青岛私立圣功女子中学创立于 1931 年秋季，设址于德县路。刊中汇集了该校各级学生的诗歌及其他文艺作品若干，并附有校况介绍及师生相片。

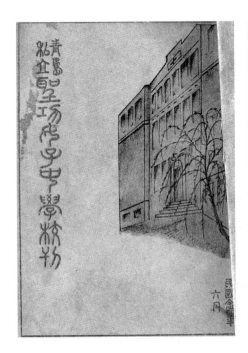

弁言

吾國女子教育肇自遠古，惟所尚者除家庭間之應對進退，烹飪紡織以外，於一般生活必具之知識猶闕如也。處今日之世，社會組織日趨繁複，欲一般女子悉度其舊家庭生活勢所不能，亦爲時所不許；今日之家庭所貢國家社會之責任至大且重。女子爲家庭之中堅欲使家庭成爲國家之命脈，此女子教育之所以刻不容緩也。本校宗此宏旨，懷沐經營於茲數載，自創辦迄今，設備日臻完備，程度年有長進；以短促之時間，而有此可觀之事業，推其故，內由於教職員之戮力同心，外賴乎沈市長雷局長曁市府當局之獎勵扶持。令各生成績蔚然可觀幸得於六月間舉行高中首屆畢業典禮，深冀諸生學業品德能與時俱進，以增靑市之令譽豈特本校之光榮而已哉！本校校訓爲崇禮，守道，敬業，尙藝；在校師生均能恪守，故天稟人智，俱獲充實，修業諸生於卒業後，無論升學與否，立身處世，當能表見其所受本校陶冶之果效。至於本校成立之歷程與其發展之現狀，散見於本刊各篇茲不多贅。

中華民國二十四年六月　周銘洗謹識

092. G63/5 青岛私立圣功女子中学年刊

青岛私立圣功女子中学编. 青岛. 1939
年. 季刊. 27 cm×19.5 cm

  该刊为纪念册,内有当时各级学生、教师合影生活照若干,并载有该校校歌。

St. Joseph Middle School
Tsingtao, China
Annual 1939

聖功年刊序

本校成立八年於茲矣,余執教鞭者,亦八易寒暑.
自遞楠事變後,以戰爭影響,學生星散.本校陷於
停頓.逮廿七年春,董事會以陳校長久假未返,推
余籌攝校篆,以利進行.經商准市政當局,始恢復
開學.經期年之擘畫整理,不第舊觀已復.而負笈
來學者,亦較前為多,絃歌相聞,良深慰慰.惟教
育事業,千頭萬緒,欲收實效,端賴力行.余實服
膺斯言,以期策進校務,日有發展;學生課業,日
有進益,庶使升學者,後高深之造詣;服務者,亦
悉付而裕如.今年夏,高三學生畢業,乃印製紀念
冊.以寄鴻泥之思.爰書此以自勉,并以勉諸生.
二十八年六月   王釗謹序

本校創辦人
司坦利斯拉期會長
Reverend Mother M. Stanislaus
Mother General of the School Sisters of
St. Francis
Milwaukee, Wisconsin, U.S.A.
Co-Foundress of St. Joseph Middle School

本校創辦人覔歐杜夫司譯
Rev. A. J. Klink
Chaplain of the School Sisters of St. Francis
Milwaukee, Wisconsin, U.S.A.
Co-Founder of St. Joseph Middle School

093. G726/3 青岛市职工补习教育概况

青岛市职工教育委员会编.青岛.1933年12月.不定期.26.4 cm×19 cm

该刊内容包括《法规》《学工教育实施办法大纲》《青岛市职工教育委员会办事细则》等,附《工人教育计划纲要》《青岛市职工补习学校概况调查表》《公文》《会议录》,专载《青岛市劳工教育之沿革》,附载《华新纱厂职工补习学校实施概况》。

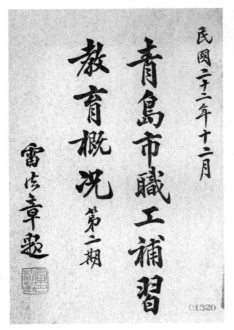

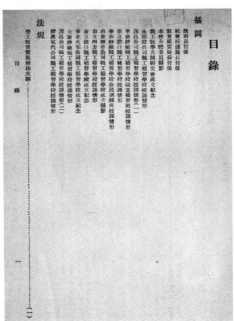

094. G4/2 青岛教育

青岛特别市教育局编. 青岛. 1929 年 6 月. 半月刊. 26 cm×19 cm

  该刊宗旨为改进全市教育计划,传播教育信息、商榷教育学术。栏目有"公牍""法规""记事""附载"等。馆藏创刊号一册,内附有公立、私立各校现任校长一览表。

095. G4/1 山东省各县市十九年 * 度教育年报

山东省政府教育厅编. 济南. 1932 年. 26 cm×19 cm

　　该年报综合报道山东省内各地教育情况、教育局的组织和变迁、各种教育委员会组织及其工作情况、教育经费来源及其计划,涉及青岛地区的平度、即墨、胶县等地区的教育工作。

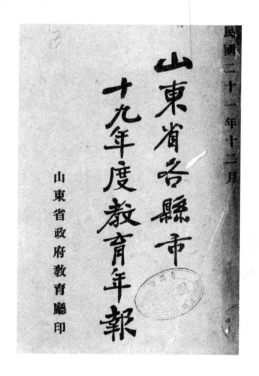

---

　* 指民国十九年(1930 年)

096. G63/6 圣功年刊:影汇

青岛私立圣功女子中学编. 青岛. 1937 年 6 月.
26 cm×19 cm

　　该刊收录圣功女校的学生生活场景、各级
学生等照片,并配以文字说明。

097. G63/1 铁中校刊

铁中校刊编委会编. 青岛. 1933 年. 23.5 cm×15 cm

　　该刊收录了铁中初、高中学生及教员的文章若干篇，所探讨的内容涉及文、理、外文等诸多方面。

098. G6/1 学生周报

青岛学生周报编辑部编.青岛学生周报社发行.青岛.1947～1948年.周刊.27 cm×19.3 cm

　　该刊由陈大汉担任总编辑,张文郁担任文艺版编辑,鲁海负责报道和评论版。该刊为面向广大同学青年的专业教育类刊物,内容包括《文化教育新闻》《学生动态》《学校介绍》等。1947年10月19日第4期出版了《纪念鲁迅专号》。

099. I2/1 青岛民报副刊（合订本）

青岛民报社编·编者刊. 青岛. 1929～1932
年. 日刊. 26 cm×19 cm. 铅印

1929 年 6 月 1 日创刊于青岛，4 开 8 版，
国民党青岛市党部主办，负责人杨兴勤，1932
年 2 月停刊。是青岛民国日报复刊汇集起来
的合订本。内容包括《论述》《小说》《诗》《童
话》《杂录》等，也含有一些专著、编选文章，当
时活跃在青岛文坛的杜宇的诗文见多。

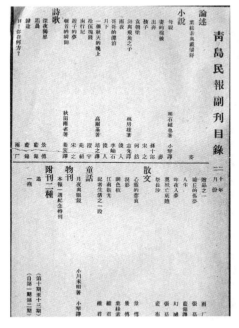

100. I21/5 避暑录话（合订本）

避暑录话编辑部编. 青岛. 1935 年 7 月～1935 年 9 月. 26.5 cm×19.5 cm

  青岛《民报》副刊，创办于 1935 年的夏天，其出刊十期。第一期载有洪深写的《发刊辞》，"偶尔有若干相识的人聚集在青岛，为王余杞、王统照、王亚平、老舍、杜宇、李同愈、吴伯箫、孟超、洪深、赵少侯、臧克家、刘西蒙等十二人"，其刊"既无主编也无编辑"，是由这些人集体定稿的。

  吴伯箫说道：为《避暑录话》语联双关，避盛夏的炽热，也避反动派的炎威；我就用那么一种小小的报纸副刊，向黑暗势力发出了投枪和短剑。

  办刊目的明确，方式灵活，有诗有故事，有时谈一番哲理，有的也说个把笑话，或者编一段戏剧，或者写一篇文学评论，等等。

  最后一期，由老舍写的《完了》做停刊词。此时日本侵略军已占领我国大片领土，国民党施行不抵抗政策，作者们"沸腾着的血，焦煎着的心"，以此刊做武器，与黑暗势力进行了不屈的斗争。

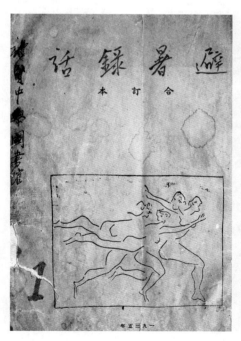

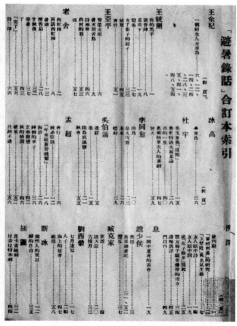

101. I21/15 大都市

吕仲起编·编者刊. 青岛. 1946 年 12 月～1947 年. 1～3 期. 周刊. 27 cm×20 cm

　　该刊是以娱乐为主的综合性刊物，由吕仲起任发行人兼编辑人。取刊名"大都市"旨在反映都市复杂的社会形态，加深人们对生活的认识，以求对生活向上的追求，并成为都市人的精神食粮。栏目有"时评""名人轶事""生活杂感""梨园动态"，形式有随笔、散文、小品文、长篇连载等。

102. I21/7 大华

青岛大华半月刊社编·编者刊. 青岛. 1947 年. 半月刊. 25 cm×19 cm

  该刊为文艺性刊物，1947 年 5 月 1 日创刊于青岛浙江路 4 号，主要反映社会民情、学生校园生活等，栏目有"散文""小说""杂文""诗歌""随笔""影剧"等。作者多为 20 世纪 40 年代青岛进步青年，如萧风、一民（唐一民）等。《开市大吉》中说道："本刊之所以要在前仆后继的刊物群中凑凑热闹，说得正经一点是为了青岛的文化。"

103. I21/6 岛声

艾茹编. 发行人萧玺. 青岛. 1946 年. 旬刊. 27 cm×20 cm

　　该刊是综合性刊物,社长黄宸廷,社址在青岛广州路 29 号。栏目有"杂文""掌故""通讯""戏剧""电影""科学幻想故事"等。主要报道戏剧界、电影界、体育界的奇闻轶事和社会新闻,也有杂文、小说等。其中披露许多当年在青岛走红的梨园名伶轶事,富有趣味性,体现了该刊在取材方面以"兴趣"为主的原则。

104. I21/16 地瓜干

地瓜干月刊出版委员会编·编者刊.青岛.1945 年 4 月～1945 年 6 月.1～3 期.
月刊.27 cm×19 cm

　　该刊是社会刊物,地址在青岛太平路 45 号。该刊取名,实为追求一种朴素无华的风格,不求得华丽辞藻。宋儒有云"嚼得菜根万事做得""膏粱锦绣,岂吾人所企望,这就算是地瓜干",由此可见,该刊喻地瓜干的朴素外形,是老百姓的案头餐,作为精神食粮以馈读者。主要刊登反映青年职业、公务员生活及家庭问题的文章和文学作品。第 3 期有译文 2 篇。

105. I21/11 古黄河:革新号青岛文艺辑

单国维主编. 古黄河社. 徐州. 1945 年 1 月 1 日. 26 cm×19 cm

  《古黄河》杂志推出的"青岛文艺辑",稿件由青岛文友李子荣(鲁基)、黄耘(沉迟)等收集而来,有小说、散文、新诗、喜剧、文学论文等。

106. I21/1 海风周刊

青岛海风周刊社编·编者刊.青岛.1945年12月～1949年9月.1卷1期～3卷1期.周刊.27 cm×19.5 cm

　　该刊创刊于1945年12月抗战胜利后,旨在唤起人们不忘八年浴血奋战,"唤起民众",使大家觉醒起来,为复兴祖国而努力,为推动世界大同而努力。

　　宁公介任社长,李蕴春任编辑部主任。在第1卷的5、6期合刊上,发表了费孝通《人民、政党、民主》一文和著名作家路翎的《滩上》。当时活跃在青岛文坛的进步青年田风(王仕绰)、鲁海、废丁、鲁丁、伊人、鲁军等都发表了积极向上的诗、散文。除刊登文学作品外,还有家庭、影剧、科学知识等内容。

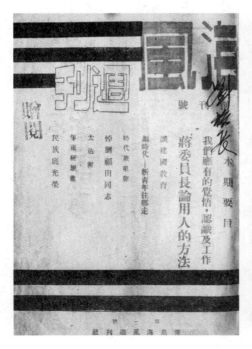

107. I21/12 海声月刊

海声月刊编辑部编. 孔鹏起发行人. 青岛. 1947 年 3 月 1 日～1947 年 8 月 15 日. 创刊号—1 卷 2/3 期. 月刊. 26.5 cm×17.5 cm

该刊为综合性刊物，1947 年 3 月 1 日创刊于青岛，社址在青岛临淄路 15 号。刊登时评、著述、通讯、文艺作品，力图表现三民主义的文化，首推面黑的诗抄和田风（王仕绰）的散文，载有《世界裁军展望》《论目前之大学教育》《仁的解释》等文章。

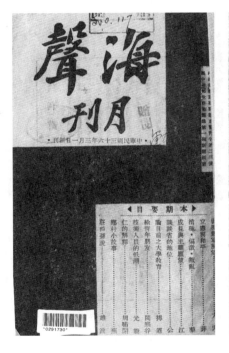

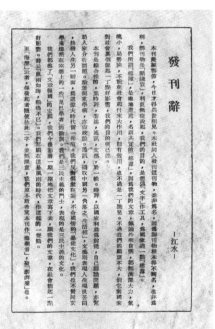

108. I21/14 荒土

荒土杂志社编·编者刊. 青岛. 1946 年 8 月 1 日～1946 年 9 月. 1～3 期. 半月刊. 22 cm×16 cm

该刊是文学刊物,主编张咸初,主要刊登文学、戏剧理论研究的文学作品,也刊有时事评论。抗日战争胜利后,青岛的文坛一度荒芜,此时,许多刊物相继问世。荒土,顾名思义,即开拓这荒芜的文坛。当时活跃在青岛文坛的青岛作家鲁军、废丁等人是该刊的主要撰稿人。栏目有"时论""特稿""转载""小评""学术""艺术园""文艺""影剧""妇女与家庭""学生园地"等。

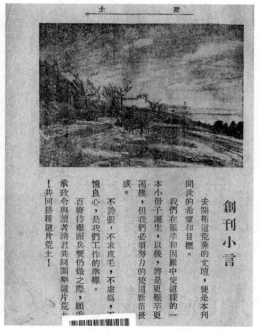

109. I21/9 胶东大众

胶东大众社编. 胶东联合社. 胶东. 1941～1947 年. 月刊. 25.5 cm×19 cm

　　该刊于 1941 年 1 月 15 日创刊,第 1 至 26 期为 32 开本,1945 年 1 月停刊。1946 年 1 月复刊(第 27 期),改为半月刊,27 期至 46 期为 16 开本,47 至 63 期为 32 开本。1947 年 8 月 15 日出到第 63 期,根据读者要求,改版为《胶东文艺》。

　　该刊是为适应胶东人民日益发展的抗日斗争的需要而创刊,创刊时主要发表政治、经济、军事论文,党、政、军、民的工作总结和经验教训,以及关于战事的描述、民众斗争的速写等文章,也有少量战地通讯、速写等。第 3 期之后,增设《文艺》专栏,发表散文、报告文学、戏剧、小说、诗歌、曲艺等。15 期起,内容有所变动,主要发表时事述评、论文、工作经验、通讯报道、科学技术介绍、文艺作品、美术作品等。抗战胜利后,该刊因抗战胜利而喜悦,亦因国内反动派挑起内战而愤怒,故而复刊,旨在保卫和平。1946 年复刊后,栏目有"论坛""文艺""通讯""半月大事""文摘""工作经验""青年园地""写作指导""大众科学""国际知识"等。内容涉及政论、文艺、通讯、教育、漫话等,责任主编马少波,并收有田汉、李公朴、郭沫若等人的作品。

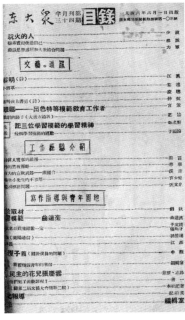

110. I21/22 狂澜画刊

青岛狂澜画刊社编·编者刊.青岛.1945年10月～1946年6月.周刊.27 cm×19.7 cm

　　该刊编辑人为葛焕斗,发行人为宫杜衡,内容形式有散文、诗歌、杂文、漫画、照片等。登载了1945年至1946年的青岛市及全国重要新闻图片和文字资料,包括蒋介石像、青岛地区受降典礼摘影、青岛地区日本军投降书和第一批战争罪犯照片等等。

　　此刊分为五日版和十日版。五日版以铜版为主,十日版是综和性质、混合编辑。

111. I21/10 崂山月刊

青岛市崂山学会编刊组编·编者刊. 青岛. 1947 年 6 月～1947 年 10 月. 1～4
期. 月刊. 27 cm×19 cm

该刊为综合性刊物,内容包括泛论哲教、文艺、科学、国故、讲稿、杂俎七项,
以倡导恢复固有的文化、道德、知识为主。丁惟芬、沈鸿烈、丁治磐等人为创刊
号题词。其中杂俎一项刊登闲散文学,包括短故事、笑话、笔记、杂感、街谈巷
议、梨园趣闻、银幕佳话等。

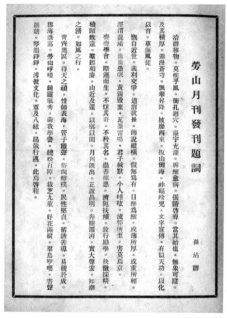

112. I21/8 民民民

民民民月刊编辑部编. 华北文化通信社发行. 青岛. 1944 年 3 月～1945 年 6 月. 1～10 期. 月刊. 27 cm×19 cm

　　该刊于 1944 年 3 月创刊,王伯南任发行人,社址在青岛市中山路、曲阜路口的黄海大楼,由胡汉士主编、张喟兹任编辑,撰稿人大都是青年人,经常供稿的有芒艾、蓝田、废丁、鲁丁、沉迟、鲁基、李瑛等。刊名象征读者、作者、编者,是为了开拓岛上荒芜的文艺园地,增强青岛的文化阵容,完成文化建设使命而创办的。栏目有"论著""文艺""文化生活""医药卫生"等。另辟有"航空专页",由日本航空联盟供稿,并同时刊登航空模型机的制造及其讲座等内容。1945 年 5 月 1 日(第十期)出版改为革新号,由兴亚弘报会出版,此期载有著名现代诗人李瑛的诗作《伐木》连载、青岛小说家王度卢的武侠小说《锦潇豪雄传》。

113. I21/23 民众画报

杨恩厚主编·编者刊. 青岛. 1947～1948 年. 周刊. 27 cm×20 cm

　　该刊是综合性文艺刊物，1936 年 12 月民众日报创刊，发起人为杨恩厚。后来因七七事变爆发而被迫停刊。抗战胜利后复刊不久，再次停刊。1947 年 9 月再次复刊为《民众画报》，内容有散文、京剧、杂文、漫画等。

114. I21/13 廿世纪

廿世纪半月刊社编·编者刊. 胶县. 1946 年. 半月刊. 27 cm×19 cm

  该刊是面向广大青年的综合性读物，以发扬三民主义、建立革新理念、辅导社会教育，提高文化水准为宗旨。《发刊词》为"我们深感到'文化'是国家精诚团结的主要动力，是民族精神统一真诚的表现，它能检讨过去，警惕将来。现在是胜利后建国之际，每个人应刷新一下自己，大家要腾身跃起，热诚地跟随在建国最高原则三民主义的旗帜下，来共同完成建国大任。"栏目有"论著""文艺""杂俎""党义讲座""学生园地""科学讲座""妇女专页"等。

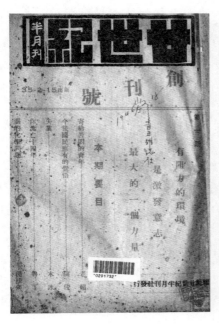

115. I21/4 蔷薇

蔷薇十日刊社编. 青岛杂志书报社[发行]. 青岛. 1946 年 3 月 3 日～1946 年 6 月 3 日. 春卷 1 期～夏卷 5 期. 旬刊. 27 cm×19 cm

　　该刊为文艺性旬刊,内容涉及国家事务、社会问题、平民生活、校园风采、文学艺术、娱乐消遣等各方面,包括时事短评、学术论著、科学珍闻、幽默杂感、趣味知识、学府风光、文艺理论与创作、漫画、素描、摄影、话剧、外埠风光,等等。栏目有"专载""蔷薇刺""课堂之外""艺术之页""文艺""影与剧""长篇连载小说"等。

116. I21/17 青岛文艺

刘燕及编. 青岛文艺社［发行］. 青岛. 1947 年
4 月～1948 年 9 月. 1～5 期. 不定期. 21 cm
×15 cm

　　该刊是文艺刊物，1946 年由即墨文学青
年刘燕及发起，后有青年作家诗人鲁丁、黄
耘、田风、刘温和、木冰等加盟创办。主要刊
登小说、新诗、散文、文学评论、书评、通讯等
方面的作品。刊物要求"写灵魂的东西、写未
写的东西、写大众的东西"，提倡创新，提倡作
品的真实性，提倡现实主义的大众文学。朱
光潜、萧乾、何其芳等在刊中有作品发表。曾
出《试刊号》《创刊号》《诗歌专号》，后由《文
艺》替代。

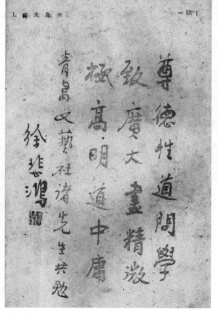

117. I21/2 秋芙蓉

秋芙蓉月刊社主编·编者刊.青岛.1947年6月～1947年12月.1～5期.月刊.
26 cm×19 cm

　　该刊为文艺类出版物,内容涉及物价管制、宗教哲学、妇女问题、民族风俗、
历史等,如《胜利二周年感言》《寄望改组后的政府》《献给苦闷的青年》《现在中
国妇女应走的路向》《方言胶东语证》等等。栏目则有"论著""诗歌""小品""杂
感""随笔""漫画""木刻"等。

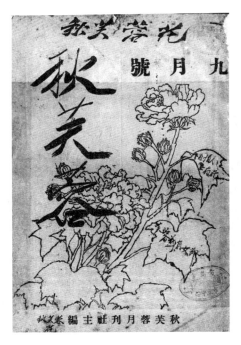
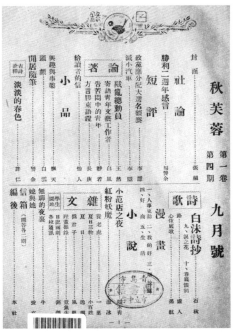

118. I313.11/2 山东文化

山东文化协会编并发行. 青岛. 1940 年 9 月～1943 年. 不定期. 22.5 cm×15.1 cm

　　该刊是由山东文化协会发行的纯日文杂志。山东文化协会是由日本人组建的研究发扬山东地域文化的组织。内容包括大陆文化之道、东亚建设与南洋华侨、展望台等。

119. I21/18 文坛

刘曲主编. 文坛月刊社. 即墨. 1948 年. 月刊. 27 cm×19.5 cm

　　该刊为综合性文艺月刊,主编人是即墨下崖刘曲。主要发表小说、诗歌等文学作品,主要读者对象是乡村中小学教师、学生等等。

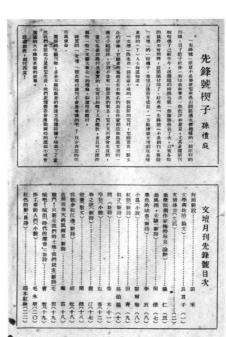

120. I21/19 文艺

《山东文艺》文艺副刊编辑部编. 山东新华书店发行. 临沂. 1947 年. 22 cm×16 cm

　　该刊是《山东文艺》的副刊,1947 年 4 月 20 日创刊于临沂,为综合性刊物,主要是为了满足青春的、蓬勃的文艺创作活动的需要而创办。载有传记小说、藏文、新诗、长诗、中篇、长篇连载外国文学等,臧克家、李瑛等著名诗人的作品亦有刊载。

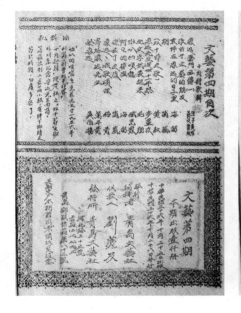

121. I21/20 新血轮

新血轮编辑部编. 青岛新血轮文学社发行. 青岛. 1946年. 月刊. 27 cm×19.5 cm

　　该刊是综合性文学刊物，立意为"综合而略偏重于文艺性刊物"，以文化建设和为社会服务为宗旨，主编朱之凌。栏目有"卷头论文""文学理论""连载剧本""诗歌""翻译""书简及随笔"等。

122. I21/21 星野

星野月刊社主编. 星野月刊社刊行. 青岛. 1947 年. 月刊. 26 cm×19 cm

　　该刊为纯文学月刊，包括剧本、随笔、长篇小说缩影、通讯、小说、诗等，作者有王统照、徐中玉等知名人士。

J

123. J/1 美展专刊

葛焕斗主编. 青岛市文化运动委员会发行. 青岛. 1946 年 8 月. 专刊. 27 cm×
19.5 cm

　　该刊刊载了 1946 年 8 月在青岛迎宾馆展出的美术作品,旨在提倡和发展
青岛的文化艺术。

　　该刊在《代发刊辞》中提到了召集人李华萱、招待人梁净行、宣传人孙沾群、
总务人于希宁、编辑人葛焕斗、陈列人霍奉六并刊有肖像照。

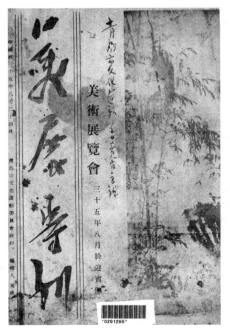

124. J/2 青岛艺坛

正凤出版社编辑部编辑. 正凤出版社发行.
青岛. 1947 年 8 月（创刊）. 半月刊. 25 cm
×17.8 cm

　　此刊为综合性纯艺术半月刊。主要内
容有电影、戏剧等艺术方面的文章、评论，
电影剧照、影星照片，以及青岛艺坛的有关
新闻。

　　创刊号刊登的文章有《胜利后的国产
电影》《中国电影史话》《洪深教授来青之
谜》《青岛影院鸟瞰》《短镜头》《梅兰芳的剧
艺》等。

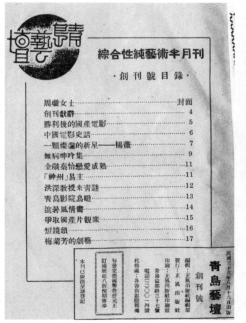

綜合性純藝術半月刊

·創刊號目錄·

民國三十六年八月十六日出版

青島藝壇
創刊號

編輯：正凤出版社編輯部
發行：正凤出版社
印刷：青島紅星印刷廠
代售處：各書店、書報攤等奉
電話：三五〇〇一四號
青島市路舊路三十七號

每份定價國幣叁仟元正
訂國圖紅八折按期寄奉

本刊已依法註冊登記

創刊獻辭

K

125. K3/1 华北通信

（日本）片岗升编.青岛.1942 年 9 月.月刊.26 cm×18.5 cm

　　该刊由日本人片岗升编发,是日本帝国主义侵华间创办的刊物。内容有关于世界大势评论、政治经济论文、南洋风物、各地风俗、产业建设、戏剧、小说、诗散文等。

P

126. P4/1 观象月报

青岛市观象台编·编者刊. 青岛. 1946 年 1 月～1946 年 10 月. 月刊. 26.5 cm×
19.2 cm

该刊是气象观测资料刊物，用图表形式刊出，并载有青岛当月气象概况综
述。后改为《气象月报》（青岛）。

该刊为英汉对照，每期包括青岛市观象台位置、天文（青岛天气摘要）、气象
（天气概况、风向频度图、气象纲要表、气象要素变迁图、观象要素平均表）、海洋
（天文潮汐表）等内容。

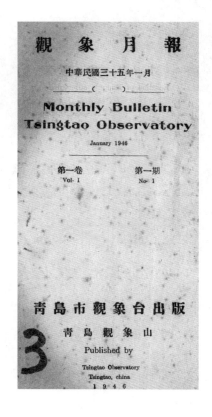

127. P7/1 海洋半年刊

青岛观象台编. 青岛观象台出版. 青岛. 1949 年(创刊). 半年刊. 26.9 cm×19.2 cm

　　该刊收录了 1947 年 1 月至 1949 年 6 月的海洋资料,内容主要有胶州湾海水温度、青岛港潮汐概况、青岛港潮汐观测表等,后附 1950 年潮汐表。

　　青岛解放以后,观象台海洋资料逐渐增多,于是刊行了这种定期性的海洋半年刊,对海洋资料进行定期汇总。创刊号为 1947 年 1 月到 1949 年 6 月的资料。

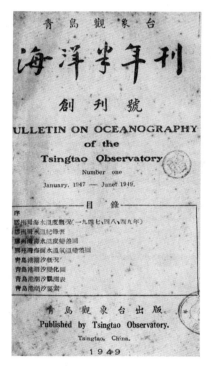

128. P112.2/1 青岛市观象台施政报告

青岛市观象台编印. 青岛. 1946 年 10 月. 年刊. 25.1 cm×18 cm

　　此刊记录自 1945 年 9 月至 1946 年 9 月的青岛市观象台工作情况，包括前言、观象台之组织及职掌、一年来之工作概况（天文磁力、气象、海洋、电务研究）、结论，后附子午仪观测用恒星表等在内的 33 种图表。

一年來之青島觀象台　附水族館

前　言

　　青島觀象台建自德人，中經日領，民國十三年始由我國接管；但以魯案協定規定，仍允日人在台工作，故名義上雖屬我有，而實際日本工作人員並未離去，舉凡各種觀測，中日兩方各司其事迨至民國二十六年（七七事變）我方人員撤退，復被日本海軍侵佔，職轉交日本駐青領事館接管，勝利後乃由我國海軍先行接收於三十四年十二月交還市府及至本年一月始由現任台長王華文接充，各項工作亦自本年一月份起謀恢復。本台原有附屬機關二，其中海洋研究所歐僑時期改稱山東產業館，本擬卽日恢復從事海洋工作，嗣奉府令本年度暫緩成立，因卽擱置，其另一附屬機關之水族館歐僑時期悉遭破壞，勝利移先由本府社會局接收於本年三月交還本台，當以經費無着，未克典修，嗣經多方設法盡力挤湊，卒於極度困難中勉力修整於本年八月一日正式開館。

129. P112.2/3 青岛市观象台五十周年纪念特刊

青岛市观象台编·编者刊. 青岛. 1948 年 6 月. 特刊. 26.4 cm×19 cm

　　封面由时任青岛市市长李先良题词并作序,序言后有五十周年纪念感言、市长肖像、台长肖像、五十周年纪念大会摄影、本台同仁合影,特刊主要内容包括影集、珍迹、概况、译述、文艺、剪报、纪事、资料、图表等。目的为:"值青岛市观象台成立五十周年之际,将半世纪之科学成绩予以编修,公之于世。"

130. P1/34 青岛市观象台学术汇刊

青岛市观象台编. 王华文刊. 青岛. 1947 年 8 月～1948 年 5 月. 年刊. 26.5 cm×
19.8 cm

　　该刊为关于天文气象类的专业刊物。由王华文作序并撰文《青岛天气》，文
章分为绪论、春迟夏凉秋爽冬长等八个部分。第一号为《青岛天气》，第二号为
《日环食》。

R

131. R18/2 青岛海港检疫所年刊

卫生署青岛海港检疫所编. 青岛. 1946 年. 年刊. 25 cm×17.3 cm

　　该刊为青岛海港检疫所内部刊物,记录了 1947 年度的工作情况。包括绪言、中国检疫费创徵记等著论三篇,青岛检疫之沿革等工作报告四篇,年报编辑志愿表并附有青岛港口图,总所及职员宿舍、检疫科及海员诊疗疗养室等多幅照片。

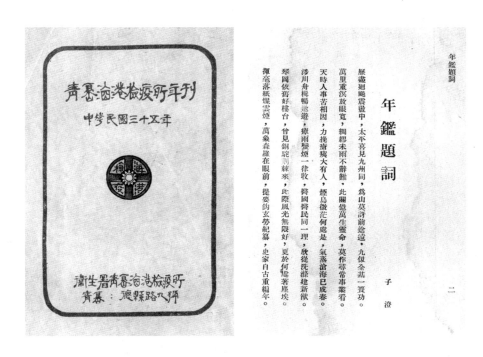

132. R197.3/1 青岛市市立医院年刊

青岛市市立医院编. 青岛. 1935 年. 年刊. 22.5 cm×15 cm

　　该刊为青岛市市立医院 1935 年的工作报告，包括市长序、局长序、弁言、沿革、插图、院长报告、各科室工作报告、各诊所报告、本院章则、本院全体职员一览表、护士养成所教职员一览表、护士学生一览表等内容，内附多幅插图。

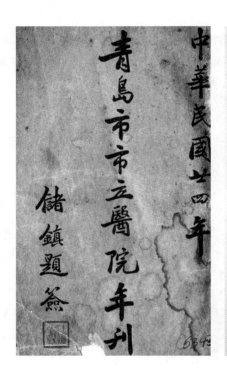

133. R/1 新新医刊

新新医刊社主编. 青岛湖北路四号新新医刊社发行. 青岛 1936 年 1 月. 月刊.
26.5 cm×19 cm

该刊以阐扬新医学和普及医学常识为宗旨,所辟栏目有"评论""专著""临床报告""诊疗""医学常识""医事消息""通讯"。内容包括火伤、白喉、疟疾等医学各科。

S

134. S9/1 东方渔业

青岛市场股份有限公司编. 青岛鱼市场出版委员会发行. 青岛. 1948 年 4 月～1949 年 4 月. 月刊. 26 cm×18.5 cm

　　该刊社址在青岛小港沿 29 号。时农林局为积极发展渔业,修订渔业法规,平衡鱼价维护渔业,在全国各大渔区设立官商合办鱼市场,以求渔业全面发展。主要研讨山东渔业生产和水产养殖技术,刊登青岛水产品贸易市场的调查统计材料,报道国内各地渔业、渔会的活动消息,介绍中国和日本渔业之发展状况。附载《山东省沿海各县市渔会联合会组织章程》。栏目有"著述""转载""编译""调查""新闻""法规""统计"等。

135. S/29 工作通讯

青岛中纺公司编. 青岛. 年份不详. 月刊. 18.5 cm×12.5 cm

　　该刊为青岛中纺公司的内部刊物，主要有中纺厂的月份工作总结，包括生产概况、竞赛概况、保全工作概况、机动工作概况、试训工作概况等内容，内附多个产量对比统计等图表。

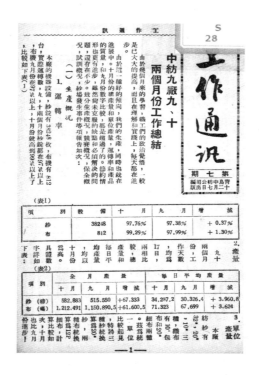

136. S562/1 棉业特刊

青岛工商学会棉业试验场编. 青岛. 1933
年. 特刊. 26.1 cm×19 cm

　　该刊为 1933 年度青岛工商学会棉业
试验场特刊，非卖品。分为相片与插画、弁
言、概况、计划、成绩、研究、推广、调查、论
著、公文几大部分内容。详细记载了青岛
工商学会棉业试验场的相关情况。附有本
会名誉理事沈成章先生、本会棉业改良委
员会葛委员长敬应、本会棉业改良委员会
各委员、场地合影等多张照片。

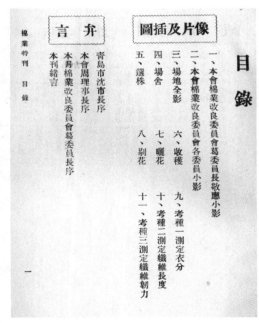

137. **S9/2 山东水产导线**

河北省立水产专科学校鲁籍学友会和山东水产导线编辑部编辑兼发行. 天津. 1933 年 4 月（创刊）. 半年刊. 25 cm×15.4 cm

该刊非专指青岛地方资料，主要内容有渔业现状、水产业发展概况分析，水产知识普及与渔民生活相关的文学作品，以及渔业相关法规。

山東水產導綫出版紀念

自箝管仲　治垒著督　官浹魚鹽　富甲寰瀛
降及後世　鮮知經營　民生涸零
狗歟諸君　東魯之英　負笈冀北　水產研精
學青專長　實業堪稱　闢懷桑梓　漁村圖興
共襄宏願　導綫自承　大聲疾呼　萬眾歡迎
裕民富國　功莫與京　敬祝賢刊　泰岱竝嶒

張鴻烈敬題 〔張鴻烈印〕

山東水產導綫發刊祝詞

富強多術　通權達變
漁牧並重　關係商戰
渤海利藪　臨淵久羨
講求結網　水產導線
學理事實　互証乃見
首倡之功　端賴羣彥

韓復榘

138. S9/11 水产

实业部上海鱼市场筹备委员会发行. 上海. 不详. 月刊. 25.6 cm×18.7 cm

　　该刊为当时水产界唯一的定期杂志,行销全国,主要内容有全国各市的渔业动向和概况,渔业、水产业相关法规,与水产界有关系水产书籍、水产制造等广告。内有《青岛市渔业概况》一篇。

138

T

139. TS1/1 纺织季刊

中国纺织学会青岛分会·编者刊. 青岛.
1948 年 7 月. 季刊. 25 cm×17.6 cm

中国纺织学会青岛分会于 1947 年成立
后创办该刊,报道业内势态、刊登学术论文。
馆藏此期季刊于学会成立一周年出版,专载
第二届年会有关情况以及纺织业学术论文
20 余篇。

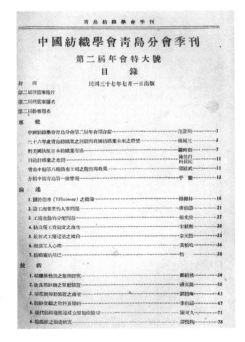

140. TU99/1 工务纪要

青岛市工务局编. 附图 • 编者刊. 青岛. 不详. 年刊. 26.2 cm×19.5 cm

　　该刊 1935 年更名为《工务年刊》,市政工程建设方面的重要纪录。内容包括《总务》《道路》《自来水》《下水道》《公有建筑物》《市民建筑》《电气》《视察报告》《乡区工务建设成绩》《统计》,其中附有青岛市市区图和青岛市区域图。

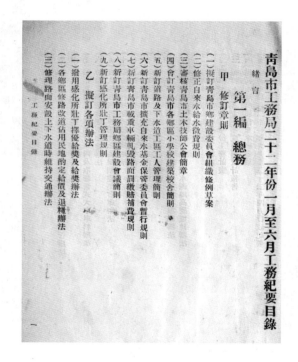

141. TQ3/1 青岛橡胶

青岛橡胶厂编印. 青岛. 1949 年(创刊). 季刊. 25.8 cm×18.8 cm

　　该刊为有关橡胶工业的学术刊物,由青岛橡胶厂编辑出版,其创刊目的为交换学术方面的研究、制作心得,以求更好的发展。主要内容有橡胶工业消息,技术研究,制造心得,国外论文,报告编译,参考图表,方法,配合成分等。

142. TM6/1 青电

资源委员会青岛电厂编·编者刊. 青岛.
1948 年 5 月～1949 年 5 月. 月刊. 26 cm×
19 cm

　　该刊为青岛电厂的内部刊物,专供本厂
同仁阅览。所刊内容有《青岛电厂的历史》
《规章》《法则》《工作报告》《工作漫谈》《大事
记》《工程业务论述》《文艺创作及译稿》等。

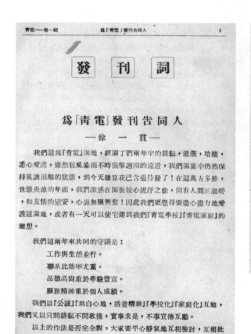

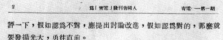

143. TS1/2 青纺半月刊

中国纺织建设公司青岛分公司青纺半月刊编委会编·编者刊. 青岛. 1946 年 8 月. 半月刊. 18.7 cm×15.1 cm

　　该刊由《青纺月刊》替代，是纺织专业刊物，内容有纺织技术问题交流、国内外纺织业概况、中纺青岛分公司大事记等。栏目有"广播台""青纺信箱""简讯""员工园地"等。

144. TS1/3 青纺旬刊

中国纺织建设公司青岛分公司青纺半月刊编委会编·编者刊. 青岛. 1948 年 9 月～1949 年 4 月. 旬刊. 18.9 cm×13.4 cm

　　该刊替代了《青纺月刊》,是中国纺织建设股份有限公司青岛分公司的快报性出版物。内容有最新消息、动态、技术探讨、工作小结,如经理月会报告词、材料节约论、统计与工商管理、一句要闻、为纺织厂主管进一言、简讯等。《青纺月刊》于 1948 年 9 月改为《青纺旬刊》,卷期另起。

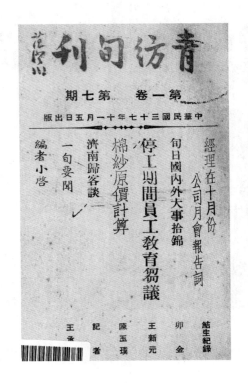

145. TS1/4 青纺月刊

中国纺织建设公司青岛分公司青纺半月刊编委会编·编者刊. 青岛. 1947 年 5
月. 月刊. 18.5 cm×15.2 cm

　　该刊前身为《青纺半月刊》，后改为《青纺旬刊》。

　　该刊是纺织专业刊物，内容有纺织技术问题交流，如试办合作纺织厂建议、
纱斑之生成及其防止、煤粉动力机——划时代的新发明、国内外纺织业概况、中
纺青岛分公司大事记。栏目有"广播台""青纺信箱""简讯""员工园地"等。第
二卷第四、五期合刊是《中纺出卖问题特辑》。

146. TS3/3 盐务月报

财政部盐政总局编印行. 南京. 1947年2月~1947年9月. 月刊. 25.7 cm× 18.5 cm

该刊为财政部盐政总局编发的有关盐务的专业刊物。包括盐务方面的专业学术论著、要闻汇志、法制解释、新闻转载、特写、统计、盐政词汇、盐业相关法令等内容。

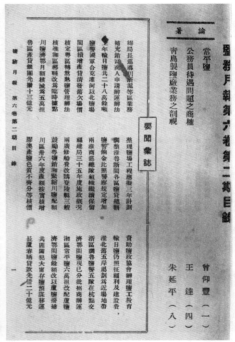

146

147. TS1/5 中国纺织学会年刊：第十二届青岛分会第一届年会纪念年刊

中国纺织学会青岛分会编. 青岛. 1947年5月. 年刊. 25 cm×17.5 cm

　　该刊所辟栏目有"论说""技术""译载""介绍""统计""会务记载""大会花絮"，刊载了中国纺织学会第十二届青岛分会第一届年会的相关情况以及纺织业专业技术论文七篇，译文两篇，概况介绍两篇，各类纺织数据统计十篇，会务记载十篇，大会花絮四篇。

U

148. U65/1 港工

交通部青岛港工程局编印·编者刊. 青岛. 1947年7月～1948年12月. 季刊.
26 cm×18.7 cm

　　该刊为海港刊物,以研究海港工程为主旨,辑录有关的学术著作及实际报道,是国内为数不多的海港刊物之一。由交通部部长俞大维题写刊名。每期都有《辑后记》,介绍本期的主要文章。该刊主要文章有《胶州湾及其附近之海洋调查》《港务管理制度刍议》《潮汐概说》《航政标识》《我国港政管理之研究》《青岛天气》《塘沽新港工程状况及其展望》《青岛港码头之概况》《海港模型试验之原理》《现代港口之机械设备》《青岛港务结冰统计》等。

　　该刊第二卷第二期为"中国海港视察报告专刊",包括秦皇岛港、青岛港、连云港、上海港、福州港、厦门港等的视察报告,为英汉对照版。

149. U65/7 港务统计季刊

青岛市港务局编. 青岛. 1948 年 1 月. 季刊. 26.5 cm×19.2 cm

该刊将三个月的月报汇编成册,更名为季刊。依照青岛大小港港湾情况及业务现状统计编纂而成。内容包括船舶统计、货物统计、旅客统计,等等,为英汉对照版。

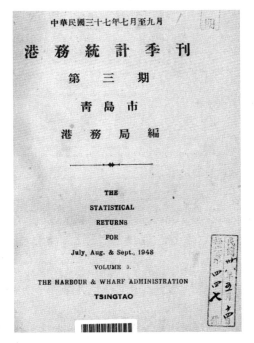

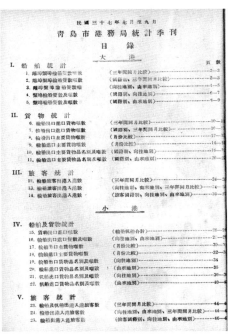

150. U65/8 港务统计简报季刊

青岛市港务局统计室编. 青岛. 1947 年. 1 期. 季刊. 20 cm×27.8 cm. 油印本

　　该刊包括总表、船舶、货物、旅客、费收五部分。择要摘录历年港务统计,以供对外贸易者参考,包括轮船进出口货物表(1915—1947 年)、大港离埠系埠轮船表(1911—1937 年)等。

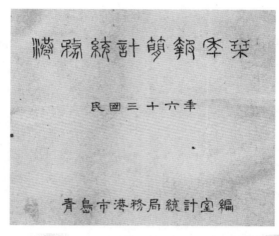

151. U65/5 港务统计年报

青岛市港务局编.青岛.1931 年.1 期.年刊.20.5 cm×19.4 cm

青岛市港务局的统计年报分为四编。

第一编为青岛港概况，包括位置、距离、人口、码头诸设备、海上设备、陆上设备、青岛港及附近航路标识。

第二编为码头大港之部，分为图表、总表、离埠系埠轮船、轮船出口（附船用货物）进口货物、码头到著发送铁路货物、营业仓库六部分。

第三编为码头小港之部，包括小港轮船贸易各项内容。

第四编为港务之部，包括青岛港出入轮船、旅客等内容。

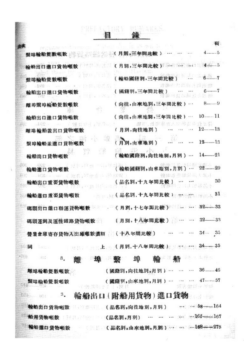

152. U65/9 港务统计月报

青岛市港务局编·编者刊. 青岛. 1945 年. 月刊. 26.2 cm×19.1 cm

　　该刊内容包括大港和小港概况，大港包括船舶统计、货物统计和旅客统计三部分；小港包括船舶及货物统计和旅客统计两部分。

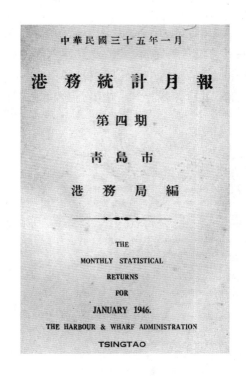

153. U65/2 港政纪要

青岛市港务局编印·编者刊. 青岛. 1931～1934 年. 年刊. 26.4 cm×19 cm

　　该刊主要刊登港务局各类（总务、海务、业务、工务、运输）档案文牍材料、当年工作计划、事迹报告等。栏目有"插图""公牍""计划""报告"。该刊共 4 期。由时任青岛市市长胡若愚题写刊名并附有市长、港务局长等人的肖像。

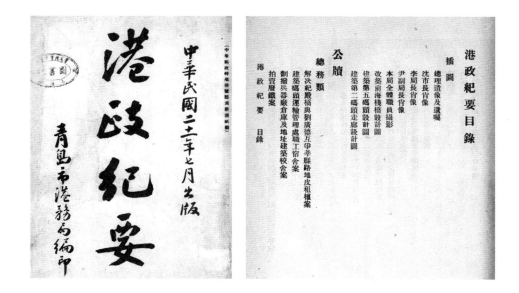

154. U2/1 胶济铁路月刊

胶济铁路管理局总务处编查课编·编者刊. 青岛. 1931 年 1 月～1937 年 4 月. 月刊. 26.3 cm×18.5 cm

胶济铁路主办,对内视同公文,也对外发行。该刊栏目有"统计图表""研究资料""调查报告""会议记录""党务""路务消息"等,主要刊登与铁路有关的研究、计划、各项法规指令等内容。

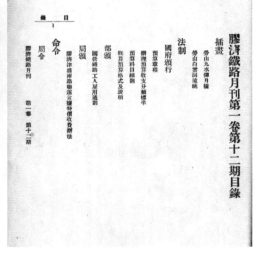

155. U2/2 胶济铁路运输统计半年报

胶济铁路管理局车务处编制・编者刊. 青岛. 1929年. 半年刊. 30 cm×22.7 cm

　　该刊参照胶济铁路管理局会计统计,遵照部颁行车统计,汇集而成。内容翔实,除各项统计表图外,就运输状况分别提要说明,并选择记载了运输行政上的兴革,另对联运主要货物附详表列明。

膠濟鐵路運輸統計半年報

民國二十三年份　　　第七卷下半期

膠濟鐵路管理局車務處編製

SEMI-ANNUAL TRANSPORTATION STATISTICS

July-December, 1934

Compiled by

TRAFFIC DEPARTMENT

KIAOCHOW-TSINAN RAILWAY ADMINISTRATION

Tsingtao, China,

膠濟鐵路運輸統計半年報　民國二十三年下半年

例　言

一、本編係參照會計統計,并遵照　部頒行車統計,彙成半年年報,義在綜核全路半年之運輸成績,藉鑑得失,而謀改善。

二、本編內容,力求翔實,除統計表圖外,更就運輸狀況,分別提要說明,並擇要記載運輸行政之興革事項,以供參考。

三、本編表圖所示里,噸,斤等,悉指公里,公噸,公斤,而言。

四、本編每年兩期,一月至六月爲上半期,七月至十二月爲下半期,仍照前例,按年分次序以卷記號,故本編應列爲第七卷下半期,自後順序刊行。

五、本編對於聯運主要貨物,另附詳表列明,不奧本路主要貨物混合併計,惟主要貨物表內其他一欄及其餘各表,則均包括聯運數量。

六、本編中所有貨物重量,概以收費重量計算,惟所用之里程,凡關於運輸部分者,均以路綫里爲標準,而關於營業部分者,則以營業里爲標準。

編　者　謹　識

156. U2/4 胶济铁路运输统计年报

胶济铁路管理局车务处编制·编者刊.青岛.1928年.半年刊.30 cm×22.7 cm

  该刊汇总了全年各月月报,遵照行车统计及会计统计,参考现代铁路统计方法编成,旨在综合全路一年的运输成绩得失。内容翔实,除各项统计表图外,就运输状况分别提要说明,并选择记载了运输行政上的兴革。

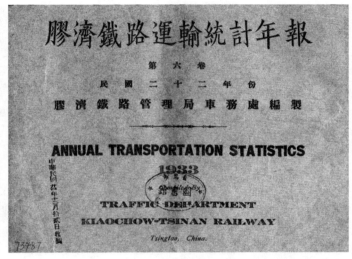

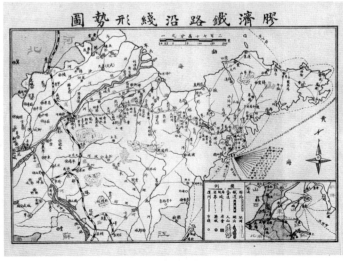

157. U65/2(2)青岛市港务行政年刊

青岛市港务局编. 青岛. 1935 年 12 月. 年刊. 26.4 cm×19.6 cm

　　该刊为 1933 年度《港务纪要》的续编，主要刊载行政计划、行政事项。内容包括港务法规、港政、埠务、地租、工程和杂务等，并附载插图多幅、港务局长讲演录以及本局职员录。

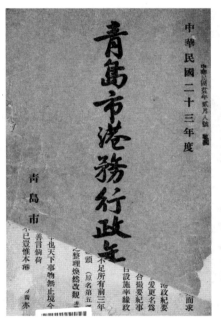

158. U65/6 青岛市港务月报

青岛市港务局编・编者刊. 青岛. 1930 年 10 月～1936 年 8 月. 月刊. 26 cm×19.4 cm

　　该刊为青岛市港务局内部刊物,主要刊登青岛各码头进出港轮船及货物吨数、铁路联运吨位、旅客进出统计以及各路航标识别介绍等港口的业务活动。分为码头之部、港务之部和行政纪要三个部分。

　　码头部分统计轮船进出口重要货物吨数、商埠、进埠轮船数及往来地别(国籍),港务部分有入港、轮船旅客检疫人数、路标、识点灯时间表等,行政部分记录港务局各会议情况。

159. U6/1 青岛市码头运输统计年刊

青岛. 1946 年. 年刊

　　该刊由 1946 年青岛的码头动作资料加以整理统计、汇编而成，内容包含各种规则、行政组织及人事经费、作业费率、作业统计等。

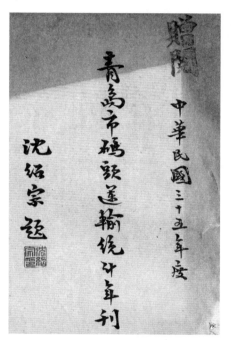
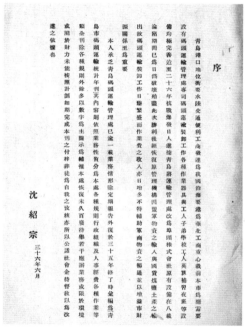

160. U2/5（中华国有铁路）统计月刊

铁道部总务司统计科编·编者刊. 1934 年 6～12 月. 月刊. 24 cm×16.2 cm

该刊以月为统计单位，内容涉及旅客列车、货物列车载重、机车载运容量、营业收支比较及车辆用油统计等，共计二十余项统计表格。

Z

161. Z3/2 国立山东大学校刊

国立山东大学编委会编. 青岛. 1948 年. 不详. 26.7 cm×19 cm

该刊栏目有"法令(教育部法令)""规章(资源委员会设置大学奖学金办法)""校闻""招生通行"等。由时任山东大学校长赵太侔题写刊名。

162. Z3/1 励学

国立山东大学励学社编·编者刊. 青岛. 1933 年 12 月～1937 年 5 月. 半年刊. 26 cm×19 cm

　　该刊为国立山东大学学术刊物,所载内容以文史哲理和科学之学术论著为主。栏目有"文史"和"科学"。旨在鼓励学生担负起阐扬文化的使命。该刊研究论著涉及中外古今。第二期中刊有臧克家在青所作《都市的春天》诗一首。

163. Z1/1 建国周刊

吕鸣九编. 青岛建国周刊社. 青岛. 1946 年 1
月（创刊）. 周刊. 26 cm×19 cm

　　该刊为综合性杂志，内容涉及时事、学
术、文艺、政治、经济、教育、生活、社会、工
业、商业、医药及建国理论、抗战史料等，有
"一周间大事评""漫画""文艺""诗韵""新
诗""妙文共赏""转载"等版块。

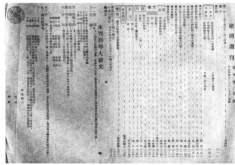

◆ 發刊詞 ◆

　古語說：「一薰一蕕，十年猶臭」，「近朱者赤，近墨者黑」。這話的確說得有道理。你看就如淪陷區的現在一般老百姓們，雖然敵人早已投降，人民的「思想」「言論」「行動」不再在受著什麼監視的限制，他們儘是大談大論的恣著什麼抗戰的可欽，建國的重要，復員的迅速不可緩，敵人過去的惡行不可赦，他們的思想正確與否且不論，但他們的行文和談話，字裏行間有時不免要露出些敵化的毒素。這些，即足徵文化毒素的可怕了！

　「十日不寫手龌，十日不作筆灑，十日不讀心空」這也是一句讀書求知的耗驗談，試問想在八年前的中國，文化水準固最低劣，科學知識雖是落後，但和現在比較起來，它還是高得多，進步得多！不是由於八年來敵人破壞的所致嗎？你看沿海區的各大文化都市——甚至內地鄉村——一個個區域的各大文物制作——那一個區域的文化團體，學術機構，以至於一切的文物制作，不被他一一破壞得淨盡無餘，那一個區域的民眾們，甚至超級的知識者們，他們的知識既是缺乏了蒸源，沒有了對流，怎會不落伍呢？怎會不感到寂 [寞] [混] [空] 呢？

　現在抗戰「已」在結果，我們應該是將過去的一切予以檢討和批判，好的應該蘊釀量予以保留和發展，壞的赤應澈底加以破壞和揚棄，從建設中去剷取敵偽的餘毒，從剷取敵偽的餘毒來與「再造」。我們建國正在伊始之際，建設人民思想，完成偉大時代中的建國大業，奠定正義世界裏的人類和平。

164. Z89/1 每周文摘

青岛每周文摘社编. 青岛 1946 年. 周刊. 18.5 cm×26 cm

　　该刊文摘内容多来自从英美直接订购的刊物和其他国内文章,属综合性刊物。设"时论集锦""时事解说""通讯报告""新闻人物""知识""现代生活""作家与名著""世界珍闻"等栏目,刊载许多现代文学史上的著名作家的文章,如吴祖光的《第一封情书》,赵景深的《忆老舍》,臧克家的《飞》《手的巨人》和老舍、曹禺自纽约所寄的《张伯苓先生七十大庆》等。

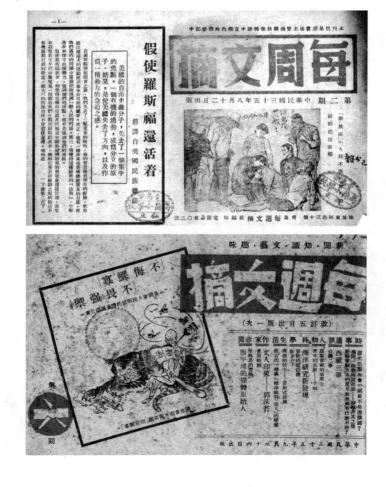

165. Z4/1 民声月报

刘曲总编.张子明发行.民声月报社出版.1946 年 8 月 1 日～1947 年 1 月.月刊. 26.5 cm×19.4 cm

　　该刊主要刊载时事评论、杂文诗歌等文学类作品。有"一月大事记""民众呼声""论著""杂文""诗歌""阴阳风"等栏目。

　　刘曲(1926—1997)又名刘燕及,原名刘承蕙,曾用笔名北乃木、刘海子、草心等,山东即墨人。现代诗人,作家。1946 年任青岛《民声日报》总编辑。1947 年在王统照、徐悲鸿、臧克家、李白凤等人支持下,成立青岛文艺社,任社长,主编《青岛文艺》,还主编《文坛》《海声》月刊各一期,主持全市鲁迅纪念晚会。退休前为天津百花文艺出版社副编审。

166. Z/2 青年人半月刊

青年人杂志社编. 青年人杂志社出版发行. 青岛. 1946 年 1 月 1 日. (创刊) 半月刊. 26.2 cm×19 cm

该刊是一个综合性的出版物,有"我们的方向""转载""学术论著""科学""艺术""特写""修养""健康与卫生""文艺"等栏目。

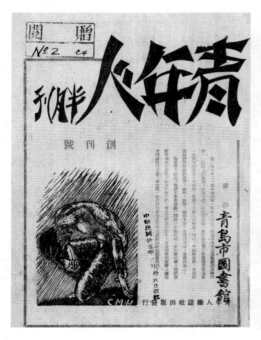